Por uma pedagogia da dignidade

```
CIP-BRASIL. CATALOGAÇÃO NA PUBLICAÇÃO
SINDICATO NACIONAL DOS EDITORES DE LIVROS, RJ
```

C324p
Carvalho, José Sérgio
  Por uma pedagogia da dignidade : memórias e crônicas sobre a experiência escolar / José Sérgio Carvalho. – São Paulo : Summus, 2016.
  244 p.

  Inclui bibliografia
  ISBN 978-85-323-1044-6

  1. Educação – Brasil. 2. Professores – Formação 3. Prática de ensino. I. Título.

15-28005   CDD: 370.71
                                              CDU: 37.02

www.summus.com.br

Compre em lugar de fotocopiar.
Cada real que você dá por um livro recompensa seus autores
e os convida a produzir mais sobre o tema;
incentiva seus editores a encomendar, traduzir e publicar
outras obras sobre o assunto;
e paga aos livreiros por estocar e levar até você livros
para a sua informação e o seu entretenimento.
Cada real que você dá pela fotocópia não autorizada de um livro
financia o crime
e ajuda a matar a produção intelectual de seu país.

Por uma pedagogia da dignidade

Memórias e reflexões
sobre a experiência escolar

José Sérgio Carvalho

summus
editorial

POR UMA PEDAGOGIA DA DIGNIDADE
Memórias e reflexões sobre a experiência escolar
Copyright © 2016 by José Sérgio Carvalho
Direitos desta edição reservados por Summus Editorial

Editora executiva: **Soraia Bini Cury**
Assistente editorial: **Michelle Neris**
Capa: **Alberto Mateus**
Projeto gráfico: **Crayon Editorial**
Diagramação: **Santana**
Impressão: **Geográfica Editora**

Summus Editorial

Departamento editorial
Rua Itapicuru, 613 – 7º andar
05006-000 – São Paulo – SP
Fone: (11) 3872-3322
Fax: (11) 3872-7476
http://www.summus.com.br
e-mail: summus@summus.com.br

Atendimento ao consumidor
Summus Editorial
Fone: (11) 3865-9890

Vendas por atacado
Fone: (11) 3873-8638
Fax: (11) 3872-7476
e-mail: vendas@summus.com.br

Impresso no Brasil

Para a Moana.
"Como a chuva molha o que se escondeu,
seu olhar melhora, melhora o meu."
(Arnaldo Antunes)

SUMÁRIO

PREFÁCIO 11

PRÓLOGO 17

A minha escola.. 23

Evocação 26

Ritos e passagens 29

Monsieur Lazahr: a coragem da verdade 32

Cicatrizes de uma experiência escolar 34

Contra a ideia da força, a força das ideias 37

A singularidade como marca do humano 40

Lições da ignorância 42

Uma defesa da escola 45

Em busca de um sentido para o Egito 48

Lições do real... 51

De sujeitos e indivíduos 54

O precoce adeus a uma amiga 57

Um destino impossível 60

Gratidão 63

A história de Rosa 66

Ardis da ideologia 69

Para além dos muros da escola 72

Laicidade como responsabilidade política 74

Ilusões perdidas 77

O mito da reprodução 80

Experiências escolares e padronização da qualidade 83

Como chegamos a ser o que somos 86

Ode à liberdade 88

Escolas para quê? 91

Ato falho? 94

A confiança 97

Sobre o conceito de formação 100

Metáforas educacionais 103

A herança humanista 106

Memorização e treinamento 109

Nem técnica nem magia. Política e arte 112

Uma ética da obediência 115

Pensar a infância 118

O que faz a escola ser escola 121

A volta da reprovação 124

O declínio da arte de formar 128

Sobre notas e conceitos 130

Os Cefam e a formação virtual 133

Na terra como no céu 136

Direitos Humanos 139

A eclosão do improvável 142

Da qualidade da educação 145

Por uma pedagogia da dignidade 148

Tiro pela culatra? 151

Tradição e progresso 154

Da educação escolar 158

Um canto subversivo 161

Da disciplina escolar 164

Teorias abstratas e práticas pedagógicas 167

Universidade pública e democratização da sociedade 169

Simulacro e compromisso 171

Escolas democráticas: polissemia e compromisso 174

Sobre o conceito de ensino 177

A recordação como formação 180

Castelos de areia 183

No lugar da lousa, a prisão 185

O tempo que nos une 188

Da teoria à prática 191

O fetiche do método 194

Uma crise na educação? 197

Ao mestre com carinho 200

O milagre da emancipação 202

Cultura letrada e bem comum 205

O ofício de ser professor 208

Os muros da escola 211

A lição de Sócrates 214

EPÍLOGO

Uma breve nota acerca do impacto da experiência
da paternidade na formação de um professor 217

REFERÊNCIAS 219

PREFÁCIO

Por uma pedagogia da dignidade – Memórias e reflexões sobre a experiência escolar é um belo título para um belo livro. A obra parte de uma orientação política e ética e situa na acepção de pedagogia da dignidade a contrapartida ao excesso de adjetivações desse campo do saber. Extremamente original, foi engendrada a partir das experiências de seu autor como aluno, professor e pai. Essas três visões sobre a escola são descritas por uma escrita primorosa e literária e, embora se trate de um livro dotado de todo rigor conceitual e consistência teórica, sua construção é extremamente fluente. Seus interlocutores são os docentes das redes de ensino, além dos professores e estudantes de cursos de Pedagogia e licenciaturas. Os textos discutem, sobretudo, as questões do cotidiano da escola – e por isso José Sérgio Fonseca de Carvalho assume uma clara parceria com os profissionais da educação básica.

Professor de Filosofia da Educação na Faculdade de Educação da Universidade de São Paulo, José Sérgio vale-se de registros e observações da vida escolar, entremeados de remissões que passam por filmes a que assistiu, músicas que ouviu, romances que leu. Há trechos extremamente tocantes, como

José Sérgio Carvalho

aquele em que o autor compara uma boa aula a castelos de areia que as crianças constroem: faz todo sentido no momento porque suspende o passado e o futuro e potencializa o tempo presente, ainda que só tenha lugar por um instante fugaz.

José Sérgio mostra ainda como, pela música de protesto, descobriu que o Brasil vivia uma ditadura militar naqueles duros anos 1970. Por outro lado, a contradição: ele estudava em um curso técnico, considerado formador de uma elite das escolas públicas, voltado para levar seus egressos ao mercado de trabalho sem necessidade de curso superior, diminuindo com isso a procura por vagas nas universidades. O livro comprova – como diz o próprio autor – que "o tiro saiu pela culatra". O engajamento social, cultural e político dos alunos fez que, saindo das escolas técnicas, jovens politizados procurassem a universidade, em carreiras muitas vezes situadas nas Humanidades. Se, para o sistema, tratava-se de um desvio, para os alunos que se formavam era uma vitória.

O trabalho também questiona os discursos correntes sobre educação, que prescindem da investigação empírica e se pautam, por vezes, em pressupostos genéricos que, não raro, "tomam o proclamado pelo real". Além de a escola ser vista por alguns slogans que a qualificam de maneira imprecisa, há alguma descrença na instituição escolar – tomada nos discursos por seus efeitos de "reprodução cultural da desigualdade social", por desempenhar o papel de "aparelho ideológico do Estado" ou por suas implicações quanto a certa padronização e normalização de condutas em uma "sociedade disciplinar". O livro de José Sérgio, com todo respeito aos teóricos que subjazem a essas matrizes de crítica, parte da crença de que a escola constitui

Por uma pedagogia da dignidade

o sujeito, sendo a vida escolar uma experiência existencial que produz significados ao configurar identidades individuais e coletivas. Dessa forma, pensar o conhecimento escolar requer compreender a partilha dessa vida entre os seus atores – professores e estudantes, que vivenciam experiências simbólicas compartilhadas. A escolaridade, por sua vez, é posta como um bem comum e não apenas como uma oportunidade de desenvolvimento individual. Trata-se de adquirir familiaridade com as obras clássicas da cultura letrada. E, mais do que isso, de estabelecer um diálogo crítico com o legado da tradição herdada.

Desde o princípio, o livro foge das opiniões convencionais e tantas vezes compartilhadas no cenário pedagógico. Questiona, por exemplo, a preocupação excessiva com os recursos, técnicas e métodos de ensino, como se fossem eles os baluartes de construção da boa aula e da relação de aprendizagem bem-sucedida. Para José Sérgio, o essencial não está na técnica utilizada, mas na relação que o professor estabelece com sua matéria e com seus alunos.

Outro tema aqui abordado diz respeito às intrincadas relações entre escola e família – ambas instituições encarregadas de educar. José Sérgio recorda que a integração de ambas – a despeito de sua relevância – não nos exime de reconhecer que a primeira não é apenas o prolongamento da segunda. Sobre a disciplina, convida seus leitores a indagarem: não é possível ser um aluno rebelde e ao mesmo tempo disciplinado perante os estudos? Seria o aluno "normal" apenas aquele que não apresenta resistência àquilo que a escola lhe impõe?

A dimensão pública da instituição escolar é um aspecto profundamente enfatizado nesta obra. Não se trata da crença ingênua na instituição como corretora natural das desigualdades econômicas. Sabe-se hoje que o discurso da igualdade de oportunidades esconde o fato de a escola privilegiar, em certa medida, os que já são privilegiados. Todavia, a despeito disso, como explicar a correlação entre a maior escolarização de mulheres e a diminuição dos índices de mortalidade infantil, ou as manifestações de junho de 2013? Não haveria relação entre esses acontecimentos e a maciça expansão da escola básica? Deixando-nos essa pergunta, José Sérgio opta por confiar na escola e no aluno. Tal confiança, segundo o autor, não elimina da relação educativa sua intransitiva assimetria, mas mostra que esta pode ser temporária.

Um dos conceitos mais importantes analisados nestas páginas é o de formação. Para José Sérgio, embora toda formação implique aprendizagem, nem toda aprendizagem constitui um processo formativo. Aprendizagem significa que alguém veio a saber algo que não sabia, ao passo que a formação implica que esse algo novo que foi aprendido transformou aquele que aprendeu. Portanto, de acordo com a tese que, a meu ver, é a mais original deste livro, a característica distintiva do conceito de formação seria a de operar transformações naquele que aprende.

Outra contribuição instigante é a que afirma que a escola deve ser democrática por três caminhos: o ingresso e a permanência nela; os procedimentos adotados internamente; e o acesso dos alunos aos bens culturais.

Vivemos em uma época em que o lugar social da escola concorre com inúmeras outras estratégias culturais – como a tecnologia –, que lhe impõem novos desafios. Por sua vez, a per-

Por uma pedagogia da dignidade

manência do sentido da cultura escolar está ligada a certo tom de dignidade social. É assim que José Sérgio Fonseca de Carvalho concebe sua pedagogia da dignidade. Dignidade implica direito – o direito das novas gerações de ser educadas. Implica também dever – o dever das antigas gerações de educar as novas. A escola, nesse sentido, é um lugar público imprescindível, que traz consigo todas as utopias. Que venha a público a pedagogia da dignidade tão bem defendida por José Sérgio Fonseca de Carvalho. A escola brasileira precisa dela.

Carlota Boto
Professora da Faculdade de Educação
da Universidade de São Paulo (USP)

PRÓLOGO

> Esse é o saber da experiência: o que se adquire no modo como alguém vai respondendo ao que vai lhe acontecendo ao largo da vida e no modo como vamos dando sentido ao acontecer do que nos acontece. No saber da experiência não se trata da verdade do que são as coisas, mas do sentido ou do sem-sentido do que nos acontece.
>
> Jorge Larrosa

A imagem da escola entre professores, pedagogos, intelectuais e trabalhadores da educação parece ter sofrido uma transformação radical nas últimas décadas. Se até meados dos anos 1970 ela era vista, pensada e descrita como um potencial elemento de emancipação política, ascensão social e desenvolvimento pessoal, a partir das últimas décadas do século XX a escola tornou-se objeto de críticas, suspeitas e denúncias cada vez mais contundentes. Ora a instituição escolar é menosprezada em função de seu alegado efeito padronizador e normalizador das condutas, ora ela é descrita como um mero dispositivo legitimador de desigualdades sociais e econômicas. Muitos têm apontado a suposta obsolescência de suas práticas, enquanto outros têm asseverado a irrelevância dos saberes e conhecimentos que lhe são característicos. Essa mutação na imagem social da escola tem gerado efeitos que ultrapassam o ambiente acadêmico em que essas críticas e denúncias foram inicialmente produzidas e divulgadas, de sorte que a descrença na escola – ou ao menos em seu potencial emancipador e em sua importância cultural e política – tem se espraiado de forma notável também entre professores e demais profissionais da educação básica.

Os textos que compõem esta obra têm a pretensão de estabelecer um diálogo crítico com os efeitos dessa desconfiança generalizada que se abateu sobre a imagem da escola na sociedade contemporânea. Não no sentido de rejeitar liminarmente as teses que lhes deram origem, mas ao ressaltar um aspecto que nelas costuma permanecer oculto: o fato de que a escola é um lugar de *experiências*. Nela adentramos cada vez mais cedo e permanecemos cada vez mais tempo. Nela encontramos mestres e charlatões; fazemos amigos e inimigos; descobrimos objetos belos que nos comovem e travamos contato com aspectos trágicos de nossa condição e existência. Além de um aparato estatal e burocrático – cujas "funções" sociais e econômicas podem ser objeto de investigação, estudo e crítica –, a escola é também é um local de encontro entre gerações, de intercâmbios entre pessoas e de diálogos com a cultura.

E, seja qual for a visão que dela venhamos a ter como sistema, dispositivo social ou instituição estatal e burocrática, o fato é que passamos pela escola e com ela nos relacionamos na qualidade de pai, aluno, professor ou cidadão. É a singularidade dessa dimensão experiencial e existencial que se esvai quando a pensamos exclusivamente com base em suas supostas "funções"; quando a descrevemos como um mecanismo da engre-

Por uma pedagogia da dignidade

nagem social ou quando a concebemos como mero reflexo de uma ordem econômica e produtiva. Narrar uma *experiência escolar* – em seu caráter contingente, único e mesmo pessoal – implica atribuir um sentido para acontecimentos que nos afetaram na qualidade de aluno, de professor ou de pai. Implica, em síntese, atribuir significado àquilo que ocorre a alguém em suas diversas modalidades de relação com a escola, com suas práticas culturais, seus saberes e com a pluralidade de sujeitos singulares que a frequentam e interagem entre si.

Não se trata de negar que, na condição de *sistema*, a escola possa cumprir a função social de reproduzir as desigualdades ou normatizar as condutas, mas de reconhecer que as análises e descrições de suas funções sociais e econômicas não encerram os possíveis sentidos que podemos lhe atribuir. O contato com uma escola nos abre um leque de novas relações (nela a criança se transforma em aluno; o licenciado, em professor...) e nos expõe a acontecimentos cujos efeitos em nossa constituição como sujeitos são absolutamente singulares. Quantos de nós jamais teríamos lido um poema ou se iniciado na prática de um esporte não fosse a experiência escolar? De quantos caros amigos teríamos nos privado se não a tivéssemos frequentado? Quantas canções jamais teríamos ouvido, quantas mortes ou amores jamais teríamos vivido? Pensar a *vida escolar* como uma *experiência existencial* implica, pois, um esforço no sentido de ultrapassar a imagem da escola como "sistema" ou "estrutura" a fim de mergulhar no papel que ela desempenha na constituição dos sujeitos que com ela interagem.

Os ensaios, as crônicas e as memórias que compõem esta obra procuram tecer o quadro de uma experiência escolar em suas diversas dimensões. Como na narrativa de qualquer experiência, as reflexões desencadeadas pelos acontecimentos e os sentidos a eles atribuídos são contingentes e não necessários; são particulares e não generalizáveis. Mas tornam patente o fato de que as vivências escolares são elaboradas por sujeitos que não somente a elas respondem, mas com elas interagem de forma própria e substantiva. Há ocasiões em que os escritos trazem à tona os ecos distantes da voz do aluno que fui; em outras, o clamor presente da voz do professor que ainda sou. Ora neles emergem as preocupações do pai, ora as inquietações do pesquisador; a indignação do cidadão ou a esperança do militante. Por vezes, seus objetos são recordações e observações do cotidiano escolar; em outras, a leitura de um romance, a síntese de uma investigação teórica ou a interpretação de uma obra cinematográfica. O que une essa diversidade de temas e preocupações não é a defesa de uma corrente pedagógica nem a coerência de uma ampla teoria da educação, mas a perspectiva a partir da qual a vida escolar é concebida e analisada: um testemunho de quem com ela convive há décadas e, por isso, nela vislumbra um sentido intrínseco.

Em sua quase totalidade, os textos aqui publicados foram originalmente escritos para a coluna "Contraponto", que mantenho na *Revista Educação* desde 2008. Embora tenham sofrido modificações substanciais, procurei neles preservar a forma e as dimensões apropriadas a uma escrita especializada, mas não acadêmica. Mais do que uma questão de estilo, essa opção reflete uma profunda convicção: a de que a educação é um problema político de primeira grandeza e que, portanto, diz respeito não somente a professores, pais e alunos, mas a todos aqueles que se

Por uma pedagogia da dignidade

interessam pelos destinos daquilo que partilhamos na qualidade de cidadãos: o mundo público e a forma como nele tecemos nosso *viver-juntos*. Pensar a educação no entrelaçamento entre a experiência singular de um sujeito e seu significado público e político implica concebê-la como uma atividade por meio da qual cada um de nós se relaciona, no tempo presente, com um legado simbólico que herdou dos antepassados e com os compromissos históricos que assume em relação àqueles que nos sucederão neste mundo comum.

Abordada como uma forma específica de relação que os homens estabelecem com sua dimensão existencial e histórica, a educação assemelha-se a um diálogo entre gerações. Um diálogo sempre mediado pela transmissão de experiências simbólicas e impulsionado pelo que os gregos chamavam de *philantropia*, ou seja, por uma disposição amorosa em relação ao humano e à sua obra histórica: o mundo. Um mundo que, como nos lembra Arendt, "não é humano simplesmente por ter sido feito por seres humanos e que não se torna humano simplesmente porque a voz humana nele ressoa, mas que se humaniza quando se torna objeto de um discurso. Por mais afetados que sejamos pelas coisas do mundo, por mais profundamente que elas possam nos instigar e estimular, o mundo só se torna humano para nós quando podemos discuti-lo com nossos companheiros".[1] Assim, a experiência da educação implica a disposição de conversar sobre o mundo, de escutar as vozes daqueles que nele nos antecederam e daqueles com quem o compartilhamos no pre-

---

1. A fim de manter o tom coloquial destes escritos, evitei as citações no corpo do texto. Ao final de cada pequeno ensaio, menciono as obras a ele relacionadas, cuja indicação completa se encontra ao final do livro.

sente. Porém, implica, sobretudo, a paixão e o desafio de dirigir nossas vozes àqueles que, recém-chegados, herdarão o compromisso de renovar esse mundo comum, atribuindo-lhe novos sentidos.

REFERÊNCIAS BIBLIOGRÁFICAS

Arendt, 1998; Larrosa, 2002.

A MINHA ESCOLA

A instituição pública como espaço de liberdade

A primeira escola que frequentei, o Externato São José, situava-se em um bairro periférico da cidade de São Paulo, habitado por gente simples, acostumada a reproduzir em suas casas um modo de vida que se assemelhava àquele de suas raízes rurais. Havia hortas e galinhas nos quintais; quermesse nas festas juninas e carnaval de rua. Mas havia também certa aspiração à urbanidade, uma busca difusa por outras formas de experiências, por novas oportunidades sociais e profissionais. Algumas décadas antes, o São José havia sido a escola de minha mãe e de minhas tias. E a partir dos anos 1960, passou a acolher uma nova geração da família: meus primos, irmãos mais velhos e eu.

Em acordo com os costumes então vigentes, meu pai decidira que as meninas lá deviam permanecer, ao passo que a mim e a meu irmão estava destinado o exame de admissão na renomada escola pública do bairro: o Colégio Estadual Infante Dom Henrique. Lembro-me da admiração que nutria pela jaqueta de seu uniforme: amarela com grandes caravelas bordadas às costas. Portá-la era sinal de distinção no bairro. Porém, a despeito do arrebatamento estético provocado por esse detalhe do uniforme – que, aliás, a mim nunca foi concedido, pois meu pai o considerava um luxo desnecessário –, a notícia de que deveria abandonar o São José para estudar no Infante me encheu de temor e tristeza. Havia me afeiçoado muito à professora que me acompanhara nos dois últimos anos do então ensino primário. As rotinas daquela instituição, que quatro anos antes haviam me atemorizado, já eram, então, familiares e mesmo queridas. Senti a mudança como uma ameaça.

Não me lembro com precisão de quando o Infante se tornou *a minha escola*, a partir de quando a sensação de pertencimento superou o medo da mudança. Sei que já na sexta série tinha amigos que – eu então acreditava – seriam meus companheiros inseparáveis. Interessava-me por novas modalidades de esporte e olhava com espanto e fascínio os colegas mais velhos que ouviam um tal de Chico Buarque. Surpreendia-me com certas meninas cujas roupas e gestos me pareciam ousados e provocantes. Passei a ter amigos negros, como o Celé; companheiros pobres que moravam em favelas, como o Gerson; conviver com pessoas de diferentes credos religiosos ou com colegas engajados na luta política, como o Zé Flávio.

Hoje, ao evocar aqueles anos, compreendo a transformação que em mim se operava. O Infante foi minha primeira experiência em uma instituição pública a qual, ao acolher a pluralidade de formas de se viver e de se conceber o mundo, fazia da liberdade uma experiência vivida em comum e não uma sensação a ser experimentada no interior de um indivíduo isolado. Aquela escola já não era mais o prolongamento dos laços privados que, por contingências do destino, me ligavam à minha família. Era um vestíbulo para a complexidade do mundo público, para a riqueza de seus conflitos, para o desafio de suas lutas. O Infante tornou-se, então, a *minha escola*. E até hoje o é.

Por uma pedagogia da dignidade

A cada dois anos, atravesso os mais de vinte quilômetros que a separam de minha casa para votar na mesma sala em que estudei quando era aluno da sexta série. Olho com estranhamento e familiaridade os seus corredores, a cantina, o pequeno espelho d'água no centro de seu pátio. Pergunto-me onde estará o Lopes, rapaz de origem humilde que nos encheu de orgulho ao entrar em uma faculdade de Medicina; o que foi feito do doce e lânguido Manezinho, que preferia o boteco às aulas de Química. E lamento por todos aqueles que foram privados da oportunidade de fazer de uma escola pública a *sua escola*.

REFERÊNCIA BIBLIOGRÁFICA
Arendt, 2005.

EVOCAÇÃO

Literatura como experiência existencial

De seu nome, não me lembro. Porém, tenho a imagem vívida de um homem alto, de bigodes negros, trajando um avental branco em cujo bolso guardava um maço de cigarros. Estava na sétima série e fumar na sala não era proibido, pelo menos aos professores. Havia os livros que, de acordo com o programa da escola, líamos a cada bimestre. *O tronco do ipê*, o qual me afastou definitivamente de qualquer obra de José de Alencar. Depois, *A relíquia*, de Eça de Queiroz, que, confesso, odiei. Havia ainda a "prova do livro", com perguntas difíceis e capciosas.

Nas aulas de Gramática, o procedimento era sempre o mesmo: os exercícios eram escritos no quadro. Nós os copiávamos, tentávamos resolvê-los e um aluno era chamado para mostrar à classe o que tinha feito. Em seguida, o professor, visivelmente entediado, fazia a correção. Entretanto, havia o imprevisível, aquilo que não se registra no diário, nem se planeja de antemão. Às vezes, enquanto copiávamos, ele abria sua pasta, acendia um cigarro e passava a ler, de pé, no canto da sala, algum livro que tivesse à mão. Subitamente, ao se emocionar com uma obra, bradava "Meninos, ouçam isso..." e nos brindava com um pequeno poema ou um conto. Em seguida, voltava para seu isolamento.

Seu comportamento era objeto de piada entre nós, mas aos poucos sua paixão pela literatura veio a nos contagiar. Lembro-me de sua voz alta e grave a narrar um conto de Clarice Lispector do qual jamais me esqueci. Recordo-me da dor com que nos leu um poema melancólico de Cecília Meirelles em que constatava: "Eu não tinha este rosto de hoje, assim calmo, assim triste, assim magro, nem estes olhos tão vazios..." e, ao final, perguntava "...em que espelho ficou perdida a minha face?" Pela primeira vez, a leitura de um poema me pareceu a expressão viva de um sentimento e não um exercício de declamação escolar. O poema parecia ter sido feito para ele e em sua voz ganhava intensidade, vida e verdade.

Às vezes era taciturno, tinha um humor inteligente, mas sarcástico. Havia manhãs que podíamos jurar que tinham sido precedidas por noites insones, talvez em um bar, talvez na solidão. Eram manhãs irritadas, das quais nos vingávamos inventando histórias a seu respeito. Imagino que a esta altura higienistas furiosos e reformadores pedagógicos já estejam indignados. Contudo, o fato é que foi ele quem despertou em mim e em vários colegas uma relação completamente diferente com a literatura. Ao ler para nós aqueles pequenos fragmentos que o comoviam, ele nos comovia. Fazia a literatura abandonar sua conformação pedagógica e se transformar em uma experiência cultural e existencial. E pouco importava a simplicidade de seus recursos pedagógicos ou mesmo seu cético desprezo pelas "boas maneiras".

Como se ensina um aluno a amar a literatura? Há quem proponha temas que a aproximem dos jovens, o que soa bastante sensato. Há quem proponha a adequação da linguagem à faixa etária, o que parece razoável. Há até quem proponha novos métodos de uma pedagogia de projetos que a integre a outros campos de saber, de forma ousada e inovadora. Eu, que não tenho uma resposta à questão, convoco o testemunho da memória. Relembro uma experiência marcante e evoco a figura de um professor singular, pouco sensato e nada razoável. Talvez ousado, mas seguramente não um inovador. Mas que amava a literatura e não nos privou de um contato substancial com o sentido que ela tinha em sua vida. Uma vida que não era alegre nem edificante, mas desconcertantemente humana. E, por isso, fragilmente bela.

REFERÊNCIAS BIBLIOGRÁFICAS

Lispector, 1998; Meireles, 1967.

RITOS E PASSAGENS

Da família à escola

O dia amanheceu quente e ensolarado. Um pouco apreensivo, mas solenemente, levei minha filha para seu primeiro dia na escola. Minhas recordações da infância se mesclaram às novas ansiedades de pai e às revisitadas reflexões de professor. Amalgamadas, procuravam compor um sentido para essa experiência marcante por meio da qual uma criança acrescenta uma nova dimensão social à sua existência. Ao ingressar em uma instituição escolar, a criança, que até então era concebida fundamentalmente como um *filho*, torna-se um *aluno*.

    Nessas décadas que separam nossas experiências de iniciação, as práticas escolares e pré-escolares transformaram-se substancialmente. No entanto, aspectos relativos ao sentido desse momento de transição ainda parecem guardar significados semelhantes, em que pese a distância do tempo e a variedade das formas.

    Lembro-me da primeira caminhada, de mãos dadas com minha mãe, até a porta da escola. Estava entusiasmado com meu uniforme – calções azuis e camisa branca – e sentia-me prestes a participar de uma nova categoria de seres mais velhos e mais respeitáveis. Porém, um imenso portão de ferro cinza, até então despercebido, fechou-se abruptamente e em segundos havia entre mim e meu mundo familiar pregresso um fosso que me apavorava.

A imagem indelével do portão a separar o *filho* do *aluno* contrasta com a transição bem mais suave – e precoce – à qual as crianças são hoje submetidas. E é bom que assim seja, desde que a separação, mesmo que cuidada e gradual, não se obscureça. Família e escola têm interesses comuns, mas também perspectivas e procedimentos distintos e, por vezes, conflitantes. O ideal de uma fusão ou pelo menos de uma profunda harmonia entre essas duas instituições não é só irrealizável; é indesejável. Seu preço seria a descaracterização de ambas, com graves prejuízos às crianças que se veriam privadas da pluralidade de experiências, da diversidade de modelos e possibilidades de escolhas.

É na escola que o filho de pais religiosos tem a oportunidade de conviver com colegas ou professores ateus (ou, claro, vice-versa); que a menina ruiva e tímida canta com aquele rapaz que seu irmão odeia, porque é negro, cheio de ginga e toca violão; que o filho do analfabeto encontra um livro. É nela que potencialmente deparamos com experiências, valores e práticas que transcendem o universo privado do nosso lar. Nossos pais e irmãos nos são dados pelas contingências dos destinos; mestres e amigos são escolhidos entre professores e colegas.

A fusão e a identidade matam o diálogo, porque almejam uma só voz, um só discurso, uma só razão, enfim, um *logos* único. O tão propalado ideal de continuidade e harmonia completa entre família e escola seria danoso para ambas, mas, sobretudo, para a criança, que se veria privada da oportunidade de conviver com duas experiências distintas e complementares: a de ser fi-

Por uma pedagogia da dignidade

lho e a de ser *aluno*. A integração entre família e escola pode ser interessante, desde que uma não queira ser a extensão da outra, desde que o muro entre elas possa subsistir. Ainda que possa ser mais poroso e acolhedor do que aquele velho portão cinza do Externato São José.

REFERÊNCIA BIBLIOGRÁFICA
Arendt, 2005.

MONSIEUR LAZAHR: A CORAGEM DA VERDADE

A dor como elemento constitutivo da formação educacional

O que se pode esperar de um catálogo de filmes disponível em um avião? De minha parte, só queria algo que amenizasse o tédio que me invade nessas horas que separam a saída da chegada; horas em que já não mais estamos em um país, nem ainda chegamos ao nosso. Jamais havia ouvido falar da obra de Philippe Falardeau, *Monsieur Lazahr*, a despeito de sua nomeação para o Oscar e dos prêmios internacionais que recebeu. Nem mesmo li a sinopse. Fiz a escolha tão simplesmente em função da foto em que um simpático professor primário aparecia rodeado de crianças em uma sala de aula do Quebec. Ela me sugeria mais um desses filmes ingênuos e românticos, nos quais um professor dedicado encarna e reforça a nossa crença no poder redentor da escola e no mito de que a vontade pessoal é condição suficiente para o êxito profissional. Seria uma nova versão de *Ao mestre com carinho*?

Nada mais enganoso! Ao contrário das fábulas hollywoodianas, em *Monsieur Lazahr* a escola é palco do trágico e do sublime. Nela as crianças irão conviver com a sombra do dramático suicídio de uma professora querida e com as luzes que emanam dos olhos daqueles em quem depositamos confiança. Há nessa escola pais que exigem de um professor estrangeiro que ele se limite a instruir sua filha, sem lhe transmitir valores que orientem um

Por uma pedagogia da dignidade

modo de vida do qual desconfiam. Mas há também mães que nele reconhecem a mão firme de alguém que se recusa a cumprir burocraticamente seu papel. É uma escola na qual a interdição de se tocar fisicamente os alunos – com a desculpa de protegê-los de um suposto assédio sexual – abandona-os sem nenhum abraço amigo na hora da dor. Uma escola que cria, com suas salas docemente decoradas, uma imagem idílica de infância. Uma imagem que queremos que seja verdadeira, a despeito de toda dor e sofrimento a que assistimos nessas mesmas crianças...

A colega de Monsieur Lazahr, na sala ao lado, é uma professora exemplar. Organiza apresentações de teatro, ensina com atividades lúdicas e se encaixa perfeitamente no ideal de uma professora amiga de seus alunos. Já ele, que mentira para a diretora da escola acerca de sua experiência docente, só é capaz de recorrer à sua memória de aluno na distante Argel para cumprir seu papel de professor. Em seu primeiro dia de aula, Lazahr desfaz a organização circular da classe para distribuir seus alunos em assépticas fileiras. Exige silêncio, dita-lhes um texto de Balzac e repreende um aluno de forma rude e severa para os padrões daquela liberal escola canadense. Ele é um estrangeiro no país e no mundo escolar. Porém, sabe muito bem a importância de levar aquelas crianças a enfrentar a dor como parte da vida. E jamais se recusa a encarar o que crê ser sua missão junto a eles.

Descoberta sua condição de refugiado político sem experiência docente, Lazahr irá perder o emprego. Entretanto, deixa a todos uma lição: o que o faz ser um grande educador aos olhos daquelas crianças não são suas arcaicas técnicas pedagógicas, mas a coragem que tem de lhes oferecer um encontro com alguém que não se recusa a pensar o vivido e sabe fazer dos desatinos da existência humana uma oportunidade de crescimento pessoal.

CICATRIZES DE UMA EXPERIÊNCIA ESCOLAR

De aluno fracassado a romancista consagrado

Antes de tornar-se um romancista internacionalmente reconhecido, Daniel Pennac foi professor de Francês no ensino fundamental e médio de escolas públicas em Paris. E antes de tornar-se professor, Pennac havia sido o que os franceses, pejorativamente, chamavam de *cancre*: um aluno lerdo, com dificuldades de aprendizagem e cujo desempenho sempre beira o sofrível. Foi da memória da dor desse tempo de aluno estigmatizado como incapaz e da esperança de suas lutas como professor de jovens tão estigmatizados como ele que brotou sua decisão de escrever *Chagrin d'école*. No Brasil, a obra foi publicada com o título *Diário de escola*, uma opção que valoriza o cotidiano escolar nela presente, mas omite alguns de seus elementos centrais: a "dor" e a "tristeza" que costuma marcar a experiência escolar desses jovens.

 Ao narrar as dificuldades pelas quais passou e ao refletir sobre seu trabalho junto a alunos das periferias de Paris, Pennac toma o ponto de vista daqueles que, por não aprenderem no mesmo ritmo de seus colegas, já não mais se reconhecem no direito de aprender. Tornam-se, assim, cativos deste personagem social: o do aluno que encarna o fracasso escolar e, como tal, exibe à escola e aos professores sua inaptidão para ensinar a todos.

Por uma pedagogia da dignidade

Uma inaptidão que não é necessária ou inexorável. Uma inaptidão que poderia ser vista como um desafio, não fosse a crença dogmática e inabalável nas explicações que nos asseguram que o fracasso desses jovens é fruto da baixa escolaridade de seus pais e de suas condições de vida, ou, ainda, provocado por algum tipo de carência afetiva, econômica ou cognitiva. Explicações que, ao lado das lamúrias moralizantes sobre as famílias de seus alunos, asseguram à escola e ao professor que eles estão isentos da responsabilidade por seus destinos.

A resposta de Pennac – o professor – a essa tragédia anunciada não é a renovação didática (ele admira e não abre mão do ditado e da correção ortográfica!), mas a sacralização do encontro pedagógico. É a ênfase "no presente do indicativo", de forma que o aqui e o agora não se rendam à suposta inexorabilidade da carga do passado. O que salva os fracassados de um novo fracasso não é a compreensão de sua situação pregressa, e sim o ensino da matéria. O único caminho para livrá-los da repetição do passado é uma aula que ateste sua capacidade presente para resolver uma equação, escrever uma redação ou compreender um texto filosófico. A aula de um professor que se encontra inteiramente absorvido pela sua tarefa presente. Uma lição que ele aprendeu com três professores que o salvaram desse lugar preestabelecido de fracasso, de lerdeza; enfim, de permanecer na condição de um *cancre*, que, tal como um caranguejo, anda de lado em meio àqueles que caminham para a frente e em direção ao futuro.

Não que seja uma tarefa fácil: "A ideia de que se possa ensinar sem dificuldade está ligada a uma representação etérea do aluno. A sabedoria pedagógica deveria representar o lerdo (o *cancre*) como o aluno mais normal possível: aquele que justifica

35

plenamente a função do professor, porque nós temos de lhe ensinar *tudo*, a começar pela necessidade mesma de aprender! Ora, isso não é pouco. Desde a noite dos tempos escolares, o aluno considerado normal é o aluno que opõe a menor resistência ao ensino, é aquele que não duvida de nosso saber e não põe à prova nossa competência. Um aluno já conquistado que nos poupa a pesquisa de vias de acesso à sua compreensão [...], um aluno convencido desde o berço de que é preciso conter seus apetites e suas emoções pelo exercício da razão se não se quer viver numa floresta de predadores, enfim, um aluno que teria compreendido que o saber é a única solução: solução para a escravidão em que nos manteria a ignorância e consolação única para a nossa ontológica solidão".

Ao ler Pennac, não encontramos receitas didáticas nem exortações moralizantes. Deparamos com um alguém cujo destino preestabelecido de ser um fracasso na vida foi transformado pela ação de professores. E que, por isso, jamais acreditou em destinos preestabelecidos. E jamais abdicou de ensinar.

REFERÊNCIA BIBLIOGRÁFICA
Pennac, 2008.

CONTRA A IDEIA DA FORÇA, A FORÇA DAS IDEIAS

Quando ficar calado equivale a mentir

Tomo emprestado ao professor Florestan Fernandes o título destas reflexões. Esse foi o slogan de sua campanha a deputado constituinte na década de 1980. Saíamos de uma ditadura militar e a USP, por meio de alguns de seus mais ilustres professores, tomava parte na cena política em defesa do diálogo como arma contra a violência. Décadas depois, em uma manhã fria de 1º de junho de 2009, enquanto caminhava com meus alunos em direção à Reitoria, perguntava-me o que diria o professor se, como nós, encontrasse a entrada ocupada por uma tropa de choque da PM, com seus cassetetes, seus escudos, suas metralhadoras e seus fuzis. E soubesse que lá estavam a pedido da própria reitora...

A cena era repugnante e paradoxal: a Reitoria esvaziada de professores e alunos, entregue a forças militares. O silêncio daqueles corpos armados, que se movimentavam em gestos precisos e impessoais, a calar a costumeira loquacidade dos espaços acadêmicos. Sentíamo-nos indignados e a forma de expressar esse sentimento foi realizar a aula ali mesmo, como a lembrar a todos o óbvio: uma universidade pode ter diversas "funções" sociais – a depender de circunstâncias específicas do momento –, mas sua razão de ser sempre foi o compromisso histórico com a liberdade de pensamento, de produção e difusão de conhecimentos.

O exame crítico de ideias e o escrutínio público de teses que nela acontecem não são meros recursos metodológicos para exames ou publicação de trabalhos. São procedimentos que encarnam os elementos fundantes da universidade, constituem a alma de seu *ethos* específico. É no cultivo do diálogo e da pluralidade – por oposição à violência que silencia e uniformiza – que a universidade atualiza seu princípio e realiza seu destino intelectual e político. A força das ideias contra a ideia da força.

Lembrei-me, então, de uma história que precisava ser contada a meus alunos. Em outubro de 1936, Miguel de Unamuno, então reitor da Universidade de Salamanca, encontrava-se em uma cerimônia ao lado do Bispo de Salamanca, da mulher do ditador espanhol Francisco Franco e do general mutilado de guerra Millán Astray. Na audiência, falangistas gritavam periodicamente sua saudação fascista: *Viva a morte!* A ela Astray respondia com força e entusiasmo: *Viva a morte!*

Unamuno não se conteve em face da barbárie e proferiu o que viria a ser sua última lição: "Conheceis-me bem e sabeis que sou incapaz de permanecer em silêncio. Por vezes ficar calado equivale a mentir. Porque o silêncio pode ser interpretado como consentimento... De um mutilado de guerra que careça da grandeza espiritual de Cervantes, é de esperar que encontre terrível alívio vendo como se multiplicam a sua volta os mutilados". Nesse preciso momento, Astray responde com um grito bárbaro e irracional: *Abaixo a inteligência! Viva a morte!*

Os falangistas apontaram uma arma contra a cabeça de Unamuno, que, não obstante, prosseguiu seu discurso: "Este é o templo da inteligência. Sou seu sumo sacerdote. Estais a profanar seu recinto sagrado. Vencereis porque vos sobra a força bruta. Mas não convencereis. Para convencer há que persuadir. E para persuadir seria necessário algo que vos falta: razão e direito na luta... Tenho dito". Unamuno foi condenado à prisão domiciliar e, algum tempo depois, morreu.

Evoco suas palavras na esperança, talvez vã, de que a grandeza de alguns de nossos antepassados possa iluminar a escuridão densa de nosso presente. Para que sejamos, como diz Políbio, dignos de nossos antepassados. E possamos nos orgulhar da herança que deles recebemos e que aos novos legaremos. Para que permaneça viva a força de suas ideias.

REFERÊNCIA BIBLIOGRÁFICA
Unamuno, 1936.

A SINGULARIDADE COMO MARCA DO HUMANO

O professor como sujeito do processo avaliativo

Em março de 2009, às vésperas de completar 3 anos de idade, Moana passou a frequentar a creche central da USP. Em dezembro do mesmo ano, recebi seu primeiro relatório avaliativo feito por uma instituição educacional. Descrevia a atividade de seu grupo e, em pequenos *boxes*, observações sobre suas atitudes, reações, progressos, problemas. Em um deles, a professora menciona seu fascínio pelas cores. Em outro, sua intolerância ao barulho, seu encantamento pelos livros e histórias. Há o rito, tão característico de sua personalidade, de cantar e narrar antes de dormir, como quem se assegura do que houve e do que está por vir.

    De minha parte havia reconhecimento, surpresas e gratidão por um olhar atento e sensível, capaz de distinguir já em uma criança a singularidade como marca do humano. Passei a me imaginar em uma situação futura, 15 anos mais tarde, por exemplo. Em minha mão, um relatório desses que mensuram com pretensões de rigor científico as competências e capacidades de cada aluno. Seria eu capaz de reconhecer a singularidade de Moana naqueles números precisos, que chegam a gravar diferenças decimais? Dariam eles um retrato mais "objetivo" de seu desempenho (78,45!), de suas conquistas e necessidades do que as observações de Margarete e Patrícia? E seus professores, reconheceriam naqueles números o resultado de seus esforços? E Moana? Vislumbraria neles algum sentido?

Até quando a educação infantil permanecerá imune à fúria das avaliações padronizadas? Livre da substituição do discernimento do professor pelo alegado rigor de um instrumento técnico cujos princípios e operacionalidade ele desconhece? Irá também esse segmento da educação gradativamente desenvolver uma escala de grandeza matemática que dispense a palavra – precisa ou poética – do professor? Até quando o educador infantil permanecerá senhor de seus juízos e avaliações, sujeito de um processo ao final do qual ele se reconhece como autor?

Não pretendo negar a necessidade de grandes avaliações sistêmicas que, se bem-feitas, podem auxiliar na elaboração de metas em políticas públicas. Entretanto, crer que elas possam substituir o penoso, mas necessário, processo singular de ajuizamento de um professor acerca do desempenho de seus alunos é uma quimera. Um sonho – ou pesadelo – da tecnoburocracia cujas metas são a desconsideração da contingência, a ignorância da singularidade e a afirmação da superfluidade do humano.

REFERÊNCIA BIBLIOGRÁFICA
Arendt, 2010.

LIÇÕES DA IGNORÂNCIA

A *explicação como impedimento à emancipação*

Reza a lenda que Ulisses lá teria ficado por vários anos. Não me surpreenderia. Mjliet é misteriosa e encantadora. Em pleno outono, restavam poucos turistas na ilha, mas quis o destino – ou o acaso – que entre eles estivessem Laura e seus pais. Pouco mais nova do que Moana, ela viera de Zagreb para lá passar o feriado do Dia de Todos os Santos, data importante na católica Croácia. Assim que se viram, Moana e Laura começaram a brincar com suas bonecas e carrinhos, enquanto seus pais procuravam uma língua em comum que tornasse possível a comunicação.

Ao final do dia, Moana voltou para nosso quarto com um pequeno esquilo de pelúcia que pertencia a Laura. Em face de minha desconfiança e de meus protestos, ela me explicou em tom tranquilizador: elas haviam trocado de brinquedo, mas no dia seguinte desfariam a troca. Era só por uma noite! Tinham combinado... Procurei lhe explicar que Laura falava croata e ela, português, que seria melhor procurá-la e devolver seu esquilo. Contrariada, Moana me seguiu até o apartamento de Laura. Lá sua mãe me explica, em inglês, que elas haviam trocado seus bichinhos de pelúcia e era só por uma noite... Quando lhe contei o que a mãe de Laura me havia dito, ela exclamou triunfante: "Viu, pai? Eu te disse. A gente combinou!"

Não pude deixar de me lembrar da provocante obra de Rancière, *O mestre ignorante*, na qual o filósofo francês conta as aventuras e desventuras de Joseph Jacotot, um exilado, que se vê ante uma tarefa aparentemente impossível: ensinar francês a alunos que falavam holandês, língua de todo ignorada por ele. Seu surpreendente êxito – a partir de exercícios de uma obra literária – leva-o a pôr em questão um pressuposto essencial de toda a tradição pedagógica: a necessidade da "explicação". A explicação – seja ela boa ou má – leva o aluno, argumenta Rancière, a crer que ele só será capaz de compreender aquilo que lhe for "explicado", que seu acesso a um saber ou a uma obra depende dessa mediação entre sua inteligência e outra à qual ela se subordina. A "pedagogia da explicação" é, pois, uma pedagogia da submissão, da passividade, da desigualdade.

Jacotot não "explica" a língua francesa a seus alunos. Ele os convida a ler uma obra em edição bilíngue e os desafia a contar em francês o que compreenderam. Entre seus alunos e a obra literária, a única mediação é a vontade do mestre que neles desperta o desejo de aprender. O resto é obra desta capacidade comum e igual em todos os homens: a inteligência. As eventuais diferenças de desempenho não revelam, para Rancière, a desigualdade das inteligências, mas a variedade do grau de empenho de cada um, da intensidade de seu desejo, da força de sua vontade. Por isso, um mestre não impõe sua explicação, nem transmite seu saber. Ele age na vontade de seu aluno, em seu desejo de conhecer o que ignora. O resto é obra desta faculdade comum do espírito humano: a inteligência.

Rancière sabe que o pressuposto da igualdade de todas as inteligências – assim como seu contrário! – não pode ser objeto de uma comprovação científica. Não se trata de um "fato psicológico", mas de um princípio ético e político em face da constatação da pluralidade de visões, perspectivas e saberes que encontramos nos homens e em suas culturas. Por isso, o postulado da igualdade das inteligências é uma aposta. Uma aposta na igual capacidade que temos de responder a desafios com nossa inteligência, mesmo que de início desconheçamos a linguagem um do outro; tal como Laura e Moana naquele fim de tarde em uma ilha croata.

REFERÊNCIA BIBLIOGRÁFICA
Rancière, 2002.

UMA DEFESA DA ESCOLA

A usurpação dos privilégios como princípio da "skholé"

A editora Autêntica, de Minas Gerais, traduziu e lançou a obra *Em defesa da escola: uma questão pública*, dos filósofos belgas Jan Masschelein e Maarten Simons. Os autores nela empreendem uma tarefa que vai de encontro à tendência dominante de se negar qualquer capacidade emancipadora à escola como instituição social. Não que eles ignorem as críticas correntes a um suposto caráter ideológico de seus conteúdos, a uma alegada alienação das atividades escolares em relação às demandas do mundo contemporâneo ou mesmo ao declarado desinteresse dos jovens em relação a suas práticas. Ao contrário, é em resposta a tais alegações que os autores empreendem uma análise crítica do sentido histórico da invenção da escola e das diversas tentativas de "domar" seu potencial compromisso com a renovação de um mundo comum e público.

Para os pensadores belgas, esse potencial emancipador da escola aflora com mais clareza em seu ato fundacional: "A escola é uma invenção (política) específica da polis grega que surgiu como uma usurpação do privilégio das elites aristocráticas e militares na Grécia antiga. Na escola grega não era mais a origem de alguém, sua raça ou 'natureza' que justificava seu pertencimento à classe do bom ou do sábio. A escola grega tornou inoperante a conexão arcaica que liga marcadores pessoais (raça, natureza, origem etc.) à lista de ocupações correspondentes aceitáveis (trabalhar a terra, engajar-se no negócio e no comércio, estudar e praticar)". E, de fato, há uma coincidência histórica – infelizmente não explorada pelos autores – entre o declínio do conceito homérico de "virtude" (a excelência moral) e o surgimento da escola – a *skholé* – compreendida como um *tempo livre*; um tempo de *formação*; um tempo em que se estuda e se pratica saberes visando à constituição de um sujeito em suas dimensões ética e política. Ora, se na sociedade heroica a virtude se associava ao cumprimento das expectativas sociais de um lugar herdado e predefinido, nas *polei* democráticas ela passa a ser um atributo pessoal, fruto de uma formação.

A escola (*skholé*) porta em seu princípio – tanto na acepção de seu início como na de uma diretriz valorativa da qual recebe legitimidade – o signo do desejo político da igualdade. Isso porque sua invenção vincula-se ao ideal de abolição de qualquer ideia de "predestinação" (afinal, só faz sentido a escola existir se acreditarmos que sua tarefa é formar um "alguém" cujo destino não está traçado de antemão!). É seu compromisso com a igualdade que possibilita, seja qual for a origem dos alunos, que eles tenham a oportunidade de ser apresentados a uma matéria cujo estudo compartilhado a transforma em um objeto comum e público. Quando transformada em matéria escolar, a literatura, por exemplo, deixa de ser um objeto de distinção social para se constituir em elo de coesão cultural.

Por isso, para os autores, a escola pode operar a "expropriação, a desprivatização e a dessacralização" dos conhecimentos e saberes que até então eram marcas de distinção de uma classe ou casta. Sua invenção corresponde, assim, a um esforço para criar um tempo e um espaço que se colocam à parte das demandas de produção e em favor de um tempo de formação. Na escola, um saber exige prática, mas não aplicação. Um exercício de geometria não precisa resolver um problema concreto e real. Ele é, antes, a oportunidade de uma prática formativa. Uma teoria social não visa reformar o mundo, visa apenas compreendê-lo.

Ora, é esse caráter liberador que se tenta domesticar ao pedir à escola que ela se curve ao interesse do imediato, submeta-se à lógica da seletividade supostamente meritocrática ou, ainda, quando dela se espera o envolvimento imediato na solução de problemas sociais. Para Masschelein e Simons, as vicissitudes da forma escolar revelam exatamente esse conflito entre seu potencial renovador e mesmo revolucionário – que se nega à instrumentalização do presente e à manipulação do futuro – e as tentativas de domesticação de suas práticas e de seu sentido histórico. Ao procurar desvelar a especificidade do domínio escolar, os autores nos convidam a pôr em questão as finalidades – sejam elas econômicas, políticas ou sociais – as quais passamos a associar de forma mecânica e acrítica à escola, à sua história e a seus agentes. E, ao assim fazer, renovam a esperança daqueles que enxergam na escola uma oportunidade que se oferece aos mais jovens de gozar de um tempo de formação.

REFERÊNCIA BIBLIOGRÁFICA
Masschelein e Simons, 2013.

EM BUSCA DE UM SENTIDO PARA O EGITO

Conteúdos escolares: entre a finalidade e o sentido

Em plena festa, um grupo de professores discutia política e educação. A despeito do avançado da hora, o ânimo não esmorecia. Tudo se iniciara com um questionamento contundente: "*Para que ensinar a história do Egito àqueles meninos? Qual o sentido de se falar de um Faraó para alguém que é cotidianamente humilhado pela polícia e pela escola só porque é jovem, pobre e negro...? Eu quero é discutir com eles Direitos Humanos, discriminação, igualdade!*" O discurso de Ivana ecoava uma forte convicção entre educadores progressistas: a de que uma educação emancipadora vincula os conteúdos escolares às experiências imediatas dos alunos e a seus dilemas e anseios cotidianos.

Sua indignação me parecia justa; os ideais que a moviam, nobres; mas a solução apresentada, uma fonte de potenciais equívocos. É certo que muitas vezes os conteúdos escolares parecem não fazer sentido para aqueles a quem se destinam. E que a ausência de significado existencial retira da experiência escolar seu caráter formativo, reduzindo o conhecimento à posse de uma informação inerte. Entretanto, crer que a vinculação com o cotidiano e o imediato seja a chave para a atribuição de um significado para experiência escolar é deixar-se embair por uma retórica que confunde a *finalidade* com o *sentido*, o *imediato* com o *concreto*.

A *finalidade* de um objeto ou de uma atividade sempre indica que este ou esta é *um meio* para outro fim: o dinheiro é *um meio* para comprar uma mesa, que é *um meio* para dispor o computador, que é *um meio* para escrever artigos, que é *um meio* para ganhar seu sustento [...], em um processo infinito de *fins* que se transformam em novos *meios*, formando uma cadeia de *meios e fins* carente de qualquer *sentido* ou *significado* existencial intrínseco. Por outro lado, há ações e experiências as quais não têm *uma finalidade*, embora possam ter um profundo *sentido*, inclusive formativo. Para que *servem* a poesia, a amizade, a pelada de futebol ou o amor? Claro que sempre podemos ler poesia *para* passar no vestibular, ter um amigo *para* nos auxiliar nos apuros financeiros; mas, ao assim fazer, ao atribuir para essas experiências uma *finalidade* prévia e extrínseca, corremos o risco de perder seu *significado* intrínseco, sua razão de ser.

Talvez a história do Egito Antigo não tenha nenhuma *finalidade* ou serventia imediata. Contudo, ela pode – ou não – ter *sentido* na formação de um aluno, a depender de como a tratamos, das razões pelas quais a escolhemos como parte integrante de um currículo. Ela também pode ser só um *meio* sem sentido para outro *fim*, igualmente destituído de significado. Porém, pode ser um mergulho profundo em outro modo de vida, um contraponto para nossos valores, uma forma de experiência com o *humano*.

O caráter trágico da existência desse enorme contingente de jovens mergulhados na miséria econômica e existencial só poderá ser superado se lhes propusermos narrativas que, mesmo distantes, atribuam um *sentido* à experiência do viver. Se ultrapassarmos o meramente *vivido* em favor da compreensão de sua constituição, se percebermos que o *imediato* não é, por si, inteligível. Se a eles oferecermos experiências simbólicas enriquecedoras: narrativas históricas de Palmares ou do Egito, escritos de Cora Coralina ou de Guimarães Rosa; se não renunciarmos à ideia de que nossos alunos merecem o melhor! E que este não é necessariamente o mais próximo nem o mais imediato.

REFERÊNCIA BIBLIOGRÁFICA

Arendt, 2005.

LIÇÕES DO REAL

A lenta construção de uma escola que acolhe e ensina

O *que você faria para mudar a educação brasileira?* A interrogação proposta pela minha editora ressoava em minha mente. Meus olhos percorriam os livros da biblioteca em busca de ideias inspiradoras. Minha memória recapitulava lições de mestres que me antecederam no ofício de pensar a educação. Todavia, nada me parecia satisfatório. Foi então que me ocorreu o óbvio: não era em ideias – novas ou velhas – que deveria buscar a resposta ao desafio que me fora proposto, mas em experiências concretas de escolas reais. Não no pensamento isolado de um indivíduo, por mais brilhante que ele pudesse ser, e sim na lenta construção coletiva de uma boa escola. De uma escola na qual, como professor, teria orgulho de trabalhar. Uma escola à qual, como pai, não hesitaria em confiar minha filha.

E a escola que escolhi como exemplo de resposta não se encontra em um rico país distante, mas a algumas centenas de metros de minha casa. Ela não é guardada por seguranças com ternos escuros, nem à sua saída se enfileiram imponentes carros a atestar o privilégio econômico daqueles que a frequentam. Nela adentram tanto os filhos dos mais graduados professores da universidade como os de seus mais humildes funcionários. Todos recebidos com a mesma dedicada seriedade de Márcia ou com o mesmo generoso sorriso de Ana. Com o abraço de Tiago, com o carinho de Sisino; que não são professores, mas educam e participam da vida daquelas crianças porque sabem que em uma escola todos são responsáveis pela educação. Sem nenhum luxo, suas paredes ostentam a arte das crianças que lá estudam e embelezam nosso caminho de todas as manhãs. Lá, a formação educacional não precisa esperar pela sala de aula e pelo professor. Ela se espraia pelos corredores, invade a quadra, penetra no quintal.

A excelência da Creche Central da USP nos ensina que a qualidade da educação não advém da simples somatória de características pessoais dos professores que a compõem, mas emerge de uma cultura institucional comprometida com a formação de toda sua equipe. Ela nos ensina o valor de uma instituição que abre espaço para o novo, e que sabe que a experiência dos professores que lá trabalham há décadas é elemento imprescindível para a estabilidade de uma proposta pedagógica. Ela nos ensina, enfim, que educar é uma tarefa artesanal a qual exige que o profissional da educação se revele em seu trabalho e por ele se responsabilize. Por isso, a Creche Central é uma escola pequena, com pouco mais de 200 alunos, o que possibilita que cada criança possa ser reconhecida em sua incontornável singularidade pessoal. Lá tem espaço para ler livros, mas também para jogar bolinha de gude. Há avaliações, há projetos; mas há também a certeza de que, mais que a transmissão de informações e conhecimentos a experiência escolar, é um poderoso fator na constituição de um sujeito.

São esses elementos – aparentemente simples – que podem nos guiar na difícil tarefa de pensar as condições para que a

Por uma pedagogia da dignidade

escola brasileira mude para melhor. Elementos que colhemos não na imaginação de reformadores pedagógicos ou no pragmatismo míope dos economistas, mas na prática de profissionais da educação que criam escolas viáveis e comprometidas com a formação escolar de jovens e crianças. Escolas que podem não ser perfeitas, mas sabem acolher seus alunos e a eles propiciar aprendizagens e experiências significativas. Escolas que levem crianças, como Moana, a acordar em plena manhã de domingo e, com seus olhinhos ainda semicerrados, perguntar: "Pai, hoje é dia de escola?"

DE SUJEITOS E INDIVÍDUOS

Alijada do convívio escolar, a criança se priva do encontro com o outro

A educação domiciliar, até hoje aceita e relativamente corrente nos EUA, tornou-se novamente objeto de controvérsia no Brasil a partir de uma ação jurídica visando à possibilidade de seu reconhecimento legal. Não se trata, como pode parecer, de uma novidade. Era prática corrente no seio da elite brasileira até final do século XIX. As controvérsias sobre suas supostas vantagens ou desvantagens remontam pelo menos ao século I da Era Cristã. Quintiliano, pedagogo e orador romano, já tomava partido nos debates que opunham o "ensino coletivo" ao "tutorial", preferindo o primeiro em função da pluralidade de exemplos com os quais a criança conviveria.

A elite colonial e imperial justificava a escolha da educação domiciliar pela necessidade de distinção. Hoje se evocam razões de formação ético-religiosa, receios quanto à exposição de seus filhos à violência urbana ou se alega uma suposta e generalizada má qualidade da educação pública. Porém, a oposição fundamental continua a mesma: como se concebe a educação? Como uma prestação de serviços a um indivíduo ou como a formação de sujeitos identificados com uma herança cultural comum e pública? Qual seu objetivo? A transmissão de um lote de informações e o desenvolvimento de um conjunto de competências pessoais ou a criação de laços sociais identitários entre cidadãos que aspiram viver em uma república? Em síntese, está a educação a serviço dos interesses privados ou públicos?

Claro que nossa resposta imediata tende a ser: ambos! Seria simples, não fosse o fato, explicitado nessa controvérsia, de que os interesses públicos e privados podem entrar em conflitos inconciliáveis. Pode ser do interesse dos pais que seu filho só conviva com membros de sua confissão religiosa; mas é de interesse público que ele aprenda a conviver com outros credos e a respeitar suas práticas e seus valores. A liberdade de escolha religiosa é um direito individual fundamental. A tolerância, um princípio ético público. Como cultivá-lo sem a experiência de compartilhar um mesmo espaço – público – com outro, inclusive com o outro que me incomoda? A escola, nos sistemas educacionais modernos, cumpre exatamente essa função, de preparar a transição da esfera privada e familiar para a pública e política.

De que se priva uma criança alijada do convívio escolar? Fundamentalmente, do encontro com o outro, da possibilidade de novos modelos, da possibilidade da escolha. Nossos pais e irmãos nos são "dados" pela natureza. Os mestres e amigos, uma escolha. A pluralidade da vida escolar – sobretudo aquela potencializada pelas instituições públicas de ensino – jamais será reprodutível no ambiente doméstico. Por mais rico que este seja, inclusive do ponto de vista cultural e simbólico, ele só poderá representar uma extensão dos interesses e pontos de vista particulares a um grupo. Ele nunca poderá – nem deveria! – abrigar a pluralidade do mundo humano, com seus conflitos e antagonismos. E, paradoxalmente, sem pluralidade não há a singularidade de cada um, mas a repetição do mesmo. Sem o convívio da vida escolar, a criança se vê privada da oportunidade da escolha, ou seja, da liberdade de se constituir como um sujeito, limitando-se a tornar-se um indivíduo.

REFERÊNCIA BIBLIOGRÁFICA
Arendt, 2010.

O PRECOCE ADEUS A UMA AMIGA

*Como revelar os desatinos da vida para quem
a ela acabou de chegar?*

Moana dizia que Inês era sua melhor amiga. Encontraram-se pela primeira vez quando tinham oito e quatro meses de idade, respectivamente. Desde então, malgrado a distância a separá-las, viram-se muitas vezes e conviveram de forma estreita neste último ano. Até que, por um capricho do destino, por um descuido dos homens – ou por um cochilo de Deus –, Inês foi-se embora. Levou seus cachos dourados, seu sorriso maroto e tudo que a força de sua vida prometia para lá, onde o oculto e o mistério fincam suas raízes.

Como revelar esse desatino da vida para alguém que nela chegou há tão pouco tempo? Mas como esconder que a amiga nunca mais estará lá para vestir fantasias de princesas, trocar as roupas das bonecas *Polly Pocket*? Olhávamo-nos, Diana e eu, perplexos e sem saber por onde caminhar, até onde ir com nossa filha nesse desvelar da frágil finitude da vida. Como saber se é cedo demais? Se a imagem se grava como trauma ou se a ausência de simbolização cria um vazio insuportável? Era como se, em face da experiência do trágico, a delicada condição de nossa existência cravada de incertezas e mistérios emergisse sem véus.

Claro que não faltaram amigos sinceros, que acreditavam possuir uma ciência da formação, a nos aconselhar e prevenir acerca dos efeitos de uma ou outra decisão. Ocorre, contudo, que não havia ciência a nos dispensar de uma decisão ética para a qual não há respostas inequívocas. Ao lidar com a constituição de um sujeito, é preciso encarar o desafio de mover-se no escuro, de tatear caminhos cujos contornos nunca são dados de antemão. Educar um *alguém* não se assemelha a fabricar um artefato, pois sempre implica abrir-se para uma experiência que é da ordem do incontrolável. Jamais sabemos ao certo como nossas ações afetam o outro, que reações provocam. O conhecimento – teórico e prático – e as vivências pregressas podem nos auxiliar a prever os efeitos de nossas ações sobre um objeto, mas costumam ser impotentes em face da urgência de decisões éticas que afetam um sujeito. Nessas condições, as respostas aos desafios que se apresentam a nós jamais residem no pretenso conhecimento das reações do outro. Nossos únicos recursos são pensar e decidir com base em princípios éticos nos quais acreditamos, deles inferindo o curso de ação que consideramos o mais digno.

E, assim, Inês, que um dia nos ensinara a cantar "Alecrim dourado", nos dava sua última lição. Não poderíamos saber como Moana reagiria à decisão – que era inteiramente nossa – de lhe apresentar a mortalidade como constitutiva do caráter trágico da existência humana. Só poderíamos recorrer ao que acreditávamos que era, em si, correto; independentemente de qualquer justificativa que se fundasse em uma reação que sabíamos ser imprevisível. E assim o fizemos. Não sem dor, não sem medo.

Moana se inteirou do destino de sua amiga. Vieram lágrimas e perguntas que nos assombram porque as repetimos há milê-

Por uma pedagogia da dignidade

nios, sempre na mesma desesperada e inconsolável ignorância. Perguntas para as quais jamais teremos respostas seguras, mas que ainda assim nos ensinam. Perguntas que nos ajudam a caminhar em meio a incertezas, a tentar ser dignos daqueles com quem partilhamos nossa breve existência. Perguntas que nos ajudam na difícil tarefa de dizer adeus a uma amiga.

UM DESTINO IMPOSSÍVEL

Reflexões sobre o ato de avaliar

Da primeira vez em que entrei em uma sala de aula como professor tinha 20 anos. Mal começara meu curso superior e podia, portanto, creditar minhas inseguranças à inexperiência e à ausência de qualquer formação pedagógica. Nas três décadas que se seguiram, eu me licenciei, dei aulas nos ensinos infantil, fundamental, médio e superior, nas redes pública e privada. Duas graduações, um mestrado, um doutorado e muitos cabelos brancos depois, já não posso mais recorrer à mesma desculpa. Não obstante, a tarefa de avaliar a aprendizagem de meus alunos ainda me deixa inseguro e chega a me tirar o sono. Posso contar nos dedos as vezes em que me senti satisfeito com meu desempenho nesse aspecto de minha vida profissional.

Claro que já acreditei que a solução seria "avaliar o processo". Porém, logo me vi novamente assolado por questões: como chegar aos processos sem que seja por meio de alguns de seus produtos? Como avaliar as diversas etapas dos trabalhos quando, professor do ensino médio, chegava a ter mais de 600 alunos? Também me perguntava como reagiria se o padeiro, em face de meu desgosto com seu produto – o pão –, argumentasse que eu deveria avaliar o processo de sua produção como um todo. Con-

Por uma pedagogia da dignidade

tudo, rapidamente o zelo pedagógico de algum colega vinha me recordar que pão e aprendizagem são coisas distintas. Eu concordava com a observação. Ainda assim, minha ignorância e meu desespero continuavam o mesmo.

Por algumas semanas – talvez dias – acreditei que, tal como me assegurava um especialista no assunto, eu deveria abandonar minhas concepções tradicionais e passar a avaliar meus alunos de forma integral, "como um todo, como seres humanos". Todavia, rapidamente me dei conta de que essa era uma tarefa para Deus, caso ele existisse e fosse, como me assegurou um dia o sacerdote, onisciente. Na qualidade de professor, o que me cabia era avaliar seus progressos em uma dimensão de sua existência: a de aluno. Claro que isso ultrapassava largamente a mera memorização de informações e mesmo o domínio de certas capacidades e estendia-se para o cultivo de virtudes intelectuais, como o rigor e o apreço pelo estilo de um texto. No entanto, isso tudo não resolvia meus problemas iniciais, antes a eles adicionava novas e até então desconhecidas dificuldades.

Como mensurar e traduzir em uma grandeza matemática – ou na síntese de um conceito – a aprendizagem de uma disciplina escolar? Como criar instrumentos fidedignos? Como ser justo? Impondo uma igualdade republicana ou buscando uma equidade que considere as diferenças? Nesses 30 anos, multiplicaram-se as perplexidades e os problemas, sem que eu pudesse sequer contar com o benefício da crença em uma pedagogia redentora ou na solidez da experiência.

Isso não significa que nada tenha aprendido com meus colegas e mestres. Como me esquecer de Marcelo, a caçoar do caráter vago de minhas perguntas e a me mostrar o valor da precisão na formulação de uma questão? Ou de Tereza, que me ensinou que havia outras linguagens e outros jeitos de avaliar, menos sisudos e mais democráticos do que uma prova dissertativa, justamente por serem plurais e abrirem novas oportunidades de se traduzir o efetivamente aprendido? Ou de Zé Mário, que me mostrou a distinção entre *estimar* o grau da aprendizagem e a pretensão de *mensurá-la* como se dispuséssemos de *balanças digitas de precisão pedagógica?* ... Ou ainda do eterno mestre, Sócrates, a insistir que mais importante do que a segurança de se ter um conceito – ou uma teoria da avaliação – infalível é jamais cessar o esforço na busca por ser um professor justo, mesmo sabendo que esse é um lugar que não existe?

GRATIDÃO

A docência como ofício

Em meados da década de 1980, pouco antes de me formar no curso de Pedagogia, consegui emprego como professor de educação infantil. Meus alunos tinham entre 4 e 5 anos de idade. Senti-me extremamente inseguro, pois até então toda minha experiência – que já não era muita – havia sido como professor de Inglês no ensino fundamental e especializado. Com o início das aulas, a insegurança agravou-se de forma acentuada por um fator que jamais imaginei ter de enfrentar.

Não era comum – ainda hoje não o é – homens trabalhando nesse segmento da educação. Percebi que vários pais se interessavam pela minha escolha (que na verdade era mais fruto de contingências da vida do que de uma deliberação consciente!). Pouco a pouco me dei conta de que em alguns casos havia um temor, claro, relativo à minha orientação sexual. Temor que se dissipou em face do que devem ter considerado evidências de heterossexualidade. Estranho "zelo" esse que confunde a vida privada de um professor com sua responsabilidade profissional, que atribui a homossexuais potenciais influências ou condutas maléficas das quais estariam isentos aqueles cuja orientação é heterossexual... Bem estranho.

Entretanto, a década de 1980 era também época de grande mobilização política. Havia no Congresso Nacional uma proposta de emenda constitucional visando ao restabelecimento de eleições diretas para Presidente da República. No dia da votação da emenda "Dante de Oliveira" fui com amigos acompanhar o resultado na Praça da Sé, que era, então, nossa "ágora". Congressistas fiéis à ditadura procrastinaram o início dos trabalhos, de forma que a votação só viesse a acontecer já tarde da noite, evitando manifestações públicas contra sua provável rejeição.

Passava da meia-noite quando anunciaram que ela havia sido rejeitada. Grupos mais exaltados atiravam latas de lixo contra lojas, gritavam palavras de ordem contra a ditadura. Fui com amigos beber, sonhar com o fim da ditadura, jurar vingança. Ao amanhecer, voltei para casa triste, tomei um banho e me dirigi para a escola. Trajava roupas pretas, como adesão a uma forma de protesto que rapidamente se disseminara entre todos os que eram favoráveis à aprovação da emenda constitucional.

Ao receber meus alunos, uma pequena garota notou meu ar triste e cansado. Perguntou-me se era porque eu "não ia poder votar". Disse-lhe que sim, que tinha ficado bastante triste com isso. A aula correu normalmente, dentro do que se poderia esperar de um professor naquele estado de ânimo. Pouco depois de encerrada a aula, essa menina voltou correndo à minha sala para me procurar. Tinha um sorriso radiante. Disse que contara à sua mãe o que aconteceu e que eu não mais devia me preocupar. Quando sua mãe fosse votar, assegurou-me, ela me levaria consigo. Eu a abracei e chorei emocionado. Perplexa com minha reação, ela me reafirmou que sua mãe me levaria, sim, e que, portanto, já não havia mais motivo para chorar. Então rimos

Por uma pedagogia da dignidade

juntos as nossas alegrias separadas por décadas. Ainda hoje esse pequeno gesto, quase perdido em minha memória, reafirma em mim, nos momentos mais difíceis, a gratidão que sinto em relação à vida e ao mundo por ter me tornado professor.

A HISTÓRIA DE ROSA

Tão perto e tão longe...

A livraria do Rubem me havia sido recomendada por professores e alunos da Universidade de Córdoba. Esperava encontrar mais um pequeno *shopping* da indústria cultural, a exemplo do padrão que hoje impera em São Paulo e em Buenos Aires. Em poucos minutos, contudo, dei-me conta de que ali ainda resistia uma forma de se relacionar com livros que eu julgava já estar extinta. Seu proprietário, no ramo há décadas, transitava com desenvoltura entre obras de filosofia, literatura e ciências sociais. Rubem conhece os intelectuais da cidade, suas preferências, seus estilos. Com sua experiência, foi capaz de, a partir de uma rápida conversa, dar indicações preciosas e adequadas. E assim, graças à sensibilidade de um livreiro à moda antiga, chegou às minhas mãos a obra *La máquina cultural*, de Beatriz Sarlo.

Trata-se de uma coletânea de três ensaios nos quais a intelectual portenha articula a narrativa de trajetórias de vidas à produção social de instituições, experiências e práticas culturais que marcaram os esforços do Estado e da sociedade argentina no sentido de criar uma visão de identidade nacional. Daí a noção de uma "máquina cultural": um complexo conjunto de dispositivos sociais visando unificar os novos imigrantes e antigos coloniza-

Por uma pedagogia da dignidade

dores – os "criollos" – em torno de um projeto idealizado de fundação de uma república moderna e cosmopolita. Em seu primeiro capítulo somos apresentados à história de Rosa Del Rio. Filha de imigrantes pobres e analfabetos, ela escapa ao fado da penúria e do trabalho braçal graças à oportunidade de frequentar uma escola pública e tornar-se professora primária e, algum tempo depois, diretora de uma escola.

Todavia, a história de Rosa, narrada em primeira pessoa e intercalada com excertos de livros didáticos e documentos educacionais da época (final do século XIX e início do XX), não é a ingênua descrição do poder redentor da instituição escolar, capaz de criar sujeitos autônomos, racionais e modernos. Nem a denúncia abstrata de seu inexorável poder normalizador, supostamente capaz de a todos conformar segundo os interesses do Estado, como uma máquina infalível a moldar objetos até então amorfos. A figura complexa de Rosa ora nos comove com sua dedicação quase sem limite aos ideais da escola pública, ora nos revolta com o caráter autoritário de algumas de suas ações (como no episódio em que decide raspar os cabelos de todos os meninos para evitar a proliferação de piolhos...!).

De forma quase caricatural, Rosa crê, encarna e difunde a ideologia escolar em seus diversos matizes, em suas ocultas contradições. Por um lado, sua ação é democrática e igualitária, na medida em que oferece a todos uma oportunidade de acesso a um universo simbólico e a experiências estéticas até então restritas a uma diminuta elite, ao mesmo tempo que representa uma possibilidade de ascensão social. Por outro, essa mesma escola torna-se uma instituição potencialmente autoritária, na medida em que recusa legitimidade a qualquer manifestação de diferença cultural e ajuda a criar a ilusão de uma "desigualdade justa", porque supostamente fundada no mérito individual.

A história de Rosa, como a de parte considerável das professoras brasileiras, é a de alguém que encontrou na experiência escolar alguma oportunidade de emancipação. E por isso crê que seu poder transformador pode ser extensivo a todos os seus alunos, o que não necessariamente é verdadeiro. Contudo, a história de Rosa é também a história da luta pela construção de uma escola laica e republicana, comprometida com a fundação de uma nação. Uma história tão perto, mas tão distante de nós.

REFERÊNCIA BIBLIOGRÁFICA

Sarlo, 1998.

ARDIS DA IDEOLOGIA

Um discurso pseudo-libertário

Andreas Schleicher é diretor de programas de análise e indicadores em educação da OCDE (Organização para a Cooperação e Desenvolvimento Econômico) e responsável pelo Programa Internacional de Avaliação de Alunos (PISA), o qual se tornou objeto de grande atenção em função da publicação de resultados que têm ensejado apressadas análises comparativas entre diversos países. Em entrevista recente a um importante jornal paulista, Schleicher apontou os caminhos da "escola do futuro", paradoxalmente todos eles nossos velhos conhecidos: "Num sistema educacional antigo e burocrático, professores eram deixados sozinhos nas classes com uma receita do que ensinar. O modelo moderno estabelecerá objetivos ambiciosos [...]. A educação do passado se resumia a um conhecimento despejado, a do futuro um conhecimento gerado por professores e estudantes [...] O objetivo do passado era a padronização. Agora é a criatividade, a personalização das experiências. O passado era centrado no currículo, o futuro é no aprendiz."

Deixemos de lado o alerta de seu conterrâneo, Max Weber, contra as *profecias* realizadas do alto das cátedras e com pretensões de racionalidade científica. Deixemos de lado a caricatura generalista com a qual ele descreve a *escola do passado*. Centremo-nos somente na contraposição entre um currículo padronizado, típico dos sistemas de ensino ultrapassados, e a nova e festejada ênfase no *aprendiz*, em sua *criatividade* e na *personalização de suas experiências*.

As críticas a um modelo escolar fundado no ideal da criação de uma identidade cultural a serviço dos Estados nacionais são bem conhecidas e merecem atenção; entre outros fatores, porque desvelam desigualdades ocultas nos discursos ideológicos que o justificaram. No caso do Brasil, por exemplo, até há poucos anos os currículos escolares simplesmente ignoravam todo legado cultural afro-brasileiro, como se fôssemos uma nação europeia de ultramar. Tentava-se, assim, impor um ideal de "brasilidade" que ignorava a própria experiência cultural concreta sob a qual se forjou o país. Porém, a análise crítica desse modelo instituído, e em larga medida ainda vigente, não deve nos levar à aceitação alegre e acrítica de um modelo quiçá ainda mais perverso.

O que implica essa ação educativa *centrada no aprendiz*? Um modelo no qual a padronização deixou os conteúdos para inscrever-se na alma, para se transformar em governabilidade dos indivíduos e de suas formas de ser, para ditar os traços de personalidade que têm "valor" em uma sociedade de consumo, e que, portanto, devem ser massificados. Note-se bem: não se trata de criar um espaço na instituição para acolher e fomentar a *singularidade* do *sujeito*. Trata-se de formatar mundialmente indivíduos dotados de "capacidades" e "competências" tidas como necessárias na nova ordem global: criatividade, flexibilidade etc. Substitui-se, assim, o ideal de uma *cultura nacional comum* por um ideal da *individualidade massificada*, no qual a retórica das diferenças está a serviço da homogeneização.

Não é à toa que o organismo a emanar as "boas-novas" da "escola do futuro" é uma organização supranacional e ligada ao desenvolvimento econômico (leia-se ao *capital financeiro*). A globalização econômica torna obsoleta a cultura nacional. O que se passa a exigir é que todas as sociedades venham a se pautar pelas mesmas referências de ordem econômica, a serviço da qual deve estar a educação. À formação do cidadão nacional, opõe-se como novidade a formatação do consumidor globalizado. E o que é pior: tudo isso travestido de uma retórica com pretensões libertárias!

REFERÊNCIA BIBLIOGRÁFICA
Weber, 2006.

PARA ALÉM DOS MUROS DA ESCOLA

A educação escolar em face da crise da cultura letrada

Há algumas décadas profissionais da educação se queixam de uma crescente perda de legitimidade social dos saberes escolares e, em especial, da cultura letrada. Em um mundo marcado pela força da imagem e da mídia eletrônica, práticas e ideais escolares ligados à leitura e ao domínio da norma padrão da língua parecem fadados a desaparecerem. Não se trata da mera obsolescência de recursos didáticos e metodológicos. O que se encontra em crise é o próprio ideal formativo que marcou a criação e o desenvolvimento dos sistemas nacionais de ensino a partir do século XIX. Uma crise que não se origina nas instituições escolares, mas que a elas afeta diretamente.

Os fatores que a condicionam são complexos e variados, incluem desde o enfraquecimento da noção de Estado Nacional até o predomínio da linguagem imagética sobre a conceitual. Este último, por sua vez, implica o aumento de poder de outras instituições ou organizações sociais – notadamente da mídia eletrônica – no estabelecimento de valores e princípios éticos, estéticos e políticos. Essa perda da legitimidade social da cultura letrada – e por extensão da escola – tem sido objeto de inúmeros estudos e pesquisas acadêmicas. Contudo, é em uma obra literária, escrita por um professor francês e recentemente adaptada

Por uma pedagogia da dignidade

para o cinema, que encontramos de forma talvez ainda mais clara e pungente uma reflexão sobre essa perda. Em *Entre os muros da escola*, François – um professor de língua e literatura francesa na escola básica – leciona a um grupo de jovens da periferia de Paris, em sua grande maioria imigrantes ou filho de imigrantes.

Conflitos de diversas ordens – étnicos, de classe, intergeracionais – surgem nesse contexto. A despeito dos esforços do professor, seu ideal de cultura não parece ter legitimidade nem fazer sentido para seus alunos. A incapacidade de se estabelecer vínculos de pertencimento destes com a escola – e por decorrência com a cultura e os valores que a animam – torna-se patente.

Professor e alunos vivem em um constante embate entre o uso e reconhecimento da norma padrão e as variantes linguísticas de que se servem os alunos, sempre impregnadas de gírias e expressões estranhas à cultura escolar. Em tese, falam a mesma língua, mas permanecem isolados em seus universos linguísticos, religiosos, étnicos, estéticos (cada um encerrado em suas próprias "paredes", como sugere o título em francês: *Entre les murs*, ou seja, entre os muros), sem lograr transformar a convivência escolar em um encontro formativo.

A câmera trabalha sempre com planos parciais, segmentados e rápidos, como a indicar a inexistência de uma perspectiva ampla e compreensiva em torno da qual se organizem experiências simbólicas compartilhadas. Somente na cena final, e de forma reveladora, há uma tomada ampla e em perspectiva da sala de aula como um todo. Porém, o que se vê é um espaço vazio de significado: carteiras sem alunos, mesa sem professor, quadro sem lição. Uma sala de aula sem "alma" a denunciar o esvaziamento do significado político e cultural da escola.

LAICIDADE COMO RESPONSABILIDADE POLÍTICA

A laicidade da escola e a religiosidade de seus professores

Em uma escola de educação infantil, uma criança de 5 anos foge chorando ao ouvir o som do berimbau vindo de uma roda de capoeira. A seu professor, ela explica que aquilo "é coisa do demônio". Uma diretora da escola coloca o crucifixo e a Bíblia ao lado do livro de ponto e só os retira quando uma professora ameaça trazer seus guias e orixás. Com ironia – e razão –, a professora argumenta: "Se não é laica, que seja ecumênica!" Em uma escola de ensino médio, um pastor alerta o professor de Português que seus alunos não deveriam ler O cortiço, uma obra que ele classifica como "imoral". Essas histórias que ouvi de professores – todos comprometidos com os ideais republicanos de uma escola laica – são versões contemporâneas do antigo e persistente conflito entre as esferas religiosa e secular na luta pelo estabelecimento do campo de legitimidade das práticas e dos princípios de ação educativa.

Em sua imagem clássica, esse conflito tomava a forma de um duelo entre forças de inspiração iluminista e o clero conservador, como na antológica cena do filme A *língua das mariposas*, em que o pároco discute com o mestre-escola acerca das transformações que a experiência escolar produzira no garoto Moncho. Entretanto, nas escolas brasileiras contemporâneas o conflito tem apresentado uma peculiaridade: não é um embate entre instituições sociais em antagonismo, mas uma cisão profunda dentro da própria escola. Embora o discurso legal afirme o caráter laico da escola pública, seu cotidiano está impregnado de religiosidade. Preces diárias, hinos eclesiásticos em cerimônias de formatura e uma pregação moral de natureza religiosa parecem ser elementos tão recorrentes do cotidiano escolar quanto os ditados, mapas, filas, cadernos e diários de classe. Como compreender essa indistinção entre os domínios da religião – modernamente concebida como uma decisão do âmbito privado – e o da formação escolar em uma instituição pública?

O crescimento da presença social e política das diversas religiões pentecostais não pode ser ignorado, porém não é por si só capaz de explicar a peculiaridade do fenômeno no âmbito escolar. Há o fato inegável de que tanto o Estado quanto setores significativos da sociedade esperam que, para além de informar e capacitar crianças e jovens, as escolas venham a *conformá-los* moralmente; que logrem levá-los a agir *em conformidade* com certos modelos morais ideais. Essa esperada *conformação moral* pode encontrar fundamento em doutrinas religiosas ou formas de vida política, em juízos estéticos ou em uma tradição cultural. Pode – e em geral costuma – recorrer a vários desses elementos, amalgamando-os em um discurso escolar que se crê capaz de fundir a todos e harmonizá-los, como se eles convergissem necessariamente para o mesmo ideal. Ocorre, no entanto, que a formação de um bom cristão não coincide com a de um cidadão ativo, e este não necessariamente resultará em um patriota... Por vezes, o Deus de um pode ser o demônio do outro!

Não obstante, muitos professores podem sinceramente crer que contribuem para a formação ética de seus alunos ao lhes ensinar orações ou ao difundir preceitos de sua fé religiosa. Ao assim fazerem, contudo, violam um princípio ético-político fundamental da escola pública moderna: seu caráter laico. O princípio da laicidade não faz da escola uma instituição potencialmente antirreligiosa. Ele simplesmente procura garantir que a escolha de uma religião – ou de nenhuma – seja uma decisão privada e autônoma e como tal respeitada por uma instituição pública.

Todavia, os professores, além de profissionais da educação, são homens ou mulheres, torcem por um time, votam em um partido, eventualmente são fiéis de uma igreja. Não se deve esperar deles que escondam suas escolhas pessoais que configuram o caráter singular de cada ser humano. No entanto, tampouco é aceitável que venham a faltar com a responsabilidade política decorrente de seu pertencimento a uma instituição pública. Essa responsabilidade se traduz na exigência de separação entre sua fé e seu papel como professor, de separação entre os princípios que regem suas escolhas privadas e os que regem a instituição pública em nome da qual ele está autorizado a educar.

ILUSÕES PERDIDAS

A crise do significado da experiência escolar

Acordávamos cedo, os quatro irmãos, e juntos tomávamos o rumo da escola. Minha mãe, que sempre acordava antes de nós, costumava deixar o volume do rádio alto em uma emissora cujo locutor nos informava, a cada minuto, a hora certa. À sua voz grave seguia-se uma vinheta estridente a nos alertar que deveríamos ir embora, pois já era hora. Uma rima que me irritava, porque a tudo imprimia um ar de urgência e em todos causava a sensação de um atraso crônico. Naquela manhã, rompi com meu silêncio matinal e com minha resignação costumeira: "Afinal, por que tenho de ir para a escola?" A pergunta, disparada à queima-roupa, fora dirigida a meu pai.

Ele nem sequer interrompeu seus afazeres e me respondeu com a displicência daqueles que possuem uma certeza inabalável: "Para ser alguém na vida". Filho de imigrantes analfabetos, a escola tinha sido, para ele, o caminho da emancipação pessoal, da liberação do trabalho manual, da ascensão social e econômica. Era técnico em contabilidade, mas à época isso tinha sido o suficiente para lhe garantir um emprego público em um banco federal e o respeito de seus parentes e amigos. Naquele bairro distante, povoado por operários e trabalhadores informais, os signos de escolaridade – como a biblioteca pessoal, sua caligrafia esmerada e até a velha máquina de datilografar –conferiam-lhe uma aura de respeito e distinção.

Vereador no início da década de 1970, uma de suas principais lutas era a expansão do atendimento escolar na região. Acreditava piamente que sua experiência com a instituição escolar pudesse ser generalizada; que uma vez universalizada, a escola seria promotora da igualdade social em uma sociedade fundada no mérito individual. Não viveu o suficiente para assistir à derrocada de suas ilusões.

Hoje nos confrontamos com um quadro bem mais complexo. Qual pai poderia ter a tranquilidade de garantir a seu filho que o sacrifício de todas as manhãs seria recompensado por um emprego estável e pela melhoria de suas condições de vida? Se a escola permanece sendo condição necessária para o êxito econômico, ela já não é mais suficiente, como o era há quatro ou cinco décadas. Ao aumentarmos a escolaridade média da população, aumentamos as exigências mínimas para qualquer emprego e somente poucas instituições de ensino superior – em geral de difícil acesso – ainda conferem a seus alunos algum tipo de distinção social. Sociedades como a espanhola, que conheceu nas últimas décadas do século XX uma ampla expansão das oportunidades escolares ao lado de significativas transformações qualitativas de seus currículos, encontram-se, hoje, em uma profunda crise econômica e social. É como se uma das maiores certezas do pensamento social e político do século XX ruísse impiedosamente diante de nossos olhos.

Ainda assim, parece que insistimos em negar essa experiência que temos vivido nas últimas décadas. Refugiamo-nos na denúncia de uma abstrata queda de qualidade para nos assegurar de que as ilusões não estão definitivamente perdidas, de que a escola poderá ainda vir a cumprir o mesmo papel social. Responsabilizamos os mais jovens por não corresponderem aos sonhos e planos que traçamos para eles décadas atrás. Melhor faríamos, contudo, se tivéssemos a coragem de enfrentar o desafio de pensar novos sentidos para a experiência escolar. Que significado se pode atribuir a uma escola que já não mais oferece garantia de empregabilidade e de ascensão socioeconômica? Como justificar sua existência e os sacrifícios que ela exige de cada um de nós que a frequentamos, seja como aluno ou professor?

Em momentos de crise, como o que vivemos, a coragem de se perguntar é sempre mais fecunda do que a pressa em repetir certezas pouco examinadas, como bem o sabia Sócrates!

O MITO DA REPRODUÇÃO

Opostos igualmente dogmáticos

Os estudos de Bourdieu representaram, nas décadas de 1970 e 1980, o golpe de misericórdia que selou o destino de um dos mais caros mitos da escola republicana francesa. Parte considerável de seu reconhecimento público e de sua respeitabilidade social tinha por origem a firme crença de que a escola era uma instituição justa; de que as desigualdades que nela se instalavam eram legítimas porque decorrentes do mérito de cada indivíduo e não dos acasos do nascimento. Se no Antigo Regime um nobre nascia nobre, na ordem republicana a nobreza de cada um deveria depender de sua força de vontade, de sua disciplina e inteligência. Em suma, a verdadeira nobreza não poderia ser herdada, pois era produto da trajetória educacional e pessoal de cada indivíduo. A escola pública deveria, pois, ser o instrumento de realização da utopia burguesa da igualdade de oportunidades. O elemento encantador dessa narrativa contaminou outras nações e levou-as a imitar muitas das iniciativas da República Francesa, mesmo que nem sempre com o mesmo afinco.

Ao mostrar que o sistema escolar transformava a herança cultural de uma classe em capital cultural que rendia a seus herdeiros privilégios no desempenho escolar, Bourdieu destruiu o que ainda restava desse mito. O discurso da igualdade de oportunidades escondia o fato de que a escola privilegiava os privilegiados, que a hierarquia social fundada no diploma escolar perpetuava as desigualdades de uma sociedade cindida em classes. Assim, argumenta Bourdieu, a escola não só reproduz as desigualdades, mas o faz ocultando seus critérios seletivos sob o discurso do mérito individual.

Desde a publicação de A reprodução, suas ideias ganharam notoriedade entre acadêmicos, professores e demais profissionais da educação. Embora sua obra – erudita e complexa – seja pouco lida no Brasil, seu nome é constantemente evocado para reforçar uma certeza que, paradoxalmente, transformou-se em um novo mito: o caráter inexoravelmente reprodutor da escola. Assim, à visão ingênua de seu papel redentor – que a concebia como capaz de superar todas as desigualdades fundadas nas origens sociais de seus alunos – se sobrepôs uma visão igualmente simplista que passou a conceber a escola como um mero aparelho estatal de reprodução das relações sociais. De santuário republicano, a escola passou a instrumento da reprodução do capital. Dois mitos opostos em seu conteúdo, mas igualmente dogmáticos em suas certezas apodíticas.

Tudo se passa como se, por não ter cumprido a promessa de criar uma ordem econômica supostamente justa, a escola nada mais pudesse representar em termos de emancipação ou, ao menos, de produção de uma nova configuração social. Como se seu destino fosse sempre o de reproduzir a ordem que herdou do passado. Entretanto, se assim o fosse, como explicar a correlação entre o aumento da escolarização das mulheres e a brutal queda na mortalidade infantil que ocorreu em diversas regiões do Brasil? Como explicar o destino das mulheres das zonas rurais que, graças a uma instrução básica, migraram para as grandes cidades e tomaram para si os destinos de suas vidas? Como explicar a presença cada vez mais notável de mulheres em carreiras de grande prestígio social? E o vigor das reivindicações sociais que levaram os jovens às ruas em junho de 2013? Não haveria nenhuma relação entre esses acontecimentos e a maciça expansão da escola básica?

Talvez tenha chegado a hora de sair do conforto de nossas certezas e, tal como o fez Bourdieu, interrogar este novo mito: o de que a escola só reproduz a sociedade e que nela nada se "produz" de novo.

REFERÊNCIAS BIBLIOGRÁFICAS
Bourdieu e Passeron, 2010.

EXPERIÊNCIAS ESCOLARES E PADRONIZAÇÃO DA QUALIDADE

Um consenso pouco examinado

A cada ano, à divulgação dos resultados do Enem segue-se uma lista das "melhores escolas" do país, de cada estado ou cidade. As inevitáveis e enfadonhas comparações entre os resultados das escolas públicas e privadas tomam conta das páginas de jornais e revistas. Supostos especialistas são chamados a comentá-las, apresentando diagnósticos e prognósticos. Sempre plenos de certezas e carentes de interrogações. Interrogações simples, como: *o que é uma boa escola? A mensuração individual do rendimento da aprendizagem equivale à qualidade da educação? Uma escola com baixo rendimento em testes padronizados de aprendizagem pode abrigar experiências escolares ricas e formativas?*

Penso, por exemplo, no trabalho de "escuta musical" que Diana, quando professora de uma escola pública municipal, realizava no ensino fundamental. Seus alunos, quase todos oriundos de famílias de baixa renda e pouca escolaridade, dedicavam uma manhã por semana a conhecer e se familiarizar com diferentes estilos e linguagens musicais: da música erudita ao samba carioca, da música instrumental brasileira ao sofisticado tango de Astor Piazzolla. Não eram aulas *sobre música* nas quais se recitavam informações que pouca ou nenhuma relação tinham com a experiência estética da *escuta musical*. Ao contrário, o que se buscava era exatamente um diálogo inicial com diferentes gêneros e tipos de obras.

A aula em que ouviram "As quatro estações", de Vivaldi, foi precedida de uma evocação das imagens da primavera: flores, calor, reprodução dos pássaros, alegria. Em seguida, aos alunos era pedido que identificassem a presença desses elementos na linguagem musical. Por ocasião da escuta de uma faixa do álbum *Circense*, de Egberto Gismonti, a lista era de personagens do circo. Apresentados os títulos das faixas, a tarefa foi descobrir – justificando a resposta pelos elementos musicais – à qual personagem correspondia a melodia tocada ("Cego Aderaldo"). Trabalhos semelhantes foram realizados a partir da música de Heitor Villa Lobos e das canções de Cartola, Itamar Assunção, Manu Chao, entre outros. O critério de escolha? Canções, peças e melodias pelas quais a professora era apaixonada. E as quais ela oferecia a seus alunos como uma oportunidade de diálogo com produções culturais que, não fosse essa experiência escolar, provavelmente jamais fariam parte do repertório dessas crianças. Um repertório até então restrito aos interesses da indústria do entretenimento e às práticas culturais de seu entorno. Qual o impacto formativo de uma experiência como essa? Seria ela da ordem do mensurável, daquilo que pode ser expresso em uma grandeza numérica? E o que escapa a esse padrão teria ainda lugar e sentido na experiência de alunos e professores?

Não se trata de simplesmente ressaltar que a padronização global dos testes e da própria ideia de qualidade da educação não capta a singularidade de experiências como essa. Isso é obvio e nefasto, mas não é tudo. Pergunto-me se, em uma escola submetida a uma lógica de avaliação que abstrai o contexto social e a singularidade institucional, ainda pode haver espaço para uma experiência como essa relatada. Pergunto-me que professor poderá se "dar ao luxo" de dedicar uma aula por semana a uma experiência estética de escuta musical se seu trabalho só é avaliado pelos resultados de testes padronizados de mensuração de certas aprendizagens escolares. Pergunto-me se um dia ainda acabaremos, todos, tomando como natural o espantoso fato de que as avaliações de uma escola básica da periferia de São Paulo, de um liceu do centro de Paris e de uma escola rural na Tailândia venham a ser feitas com base nos mesmos pressupostos e instrumentos! Pergunto-me se qualidade da educação nada teria que ver com esse encontro entre um grupo específico de alunos e a pessoalidade única de um professor que com eles se compromete a compartilhar experiências por ele valorizadas. Pergunto-me se já teríamos chegado ao ponto em que a responsabilidade dos professores por suas escolhas tornou-se algo da ordem do supérfluo. Pergunto-me se a própria interrogação sobre a qualidade da educação já não se tornou obsoleta e – também ela – supérflua em um mundo cheio de certezas tão padronizadas quanto os testes de mensuração da aprendizagem.

REFERÊNCIA BIBLIOGRÁFICA
Carvalho, 2013.

COMO CHEGAMOS A SER O QUE SOMOS

O direito a uma história na qual possamos nos reconhecer

Desde janeiro de 2003, o calendário escolar de muitas cidades brasileiras inclui o dia 20 de novembro como o Dia Nacional da Consciência Negra. Ainda mais importante, a partir da promulgação da Lei nº 10.639, os currículos da escola básica devem necessariamente incluir a História e a Cultura Afro-Brasileira, difundindo as contribuições dos povos africanos e de seus descendentes na formação da sociedade nacional. Trata-se de uma ruptura em relação à tradição da cultura escolar brasileira, organizada, poderíamos dizer, nos moldes de uma "escola portuguesa de ultramar".

Ao negar, por décadas, às crianças e aos jovens brasileiros o acesso às informações acerca de seus antepassados e ao apartá-los do contato com parte substancial do legado cultural dos povos que formaram esta nação, acabamos por lhes subtrair um direito fundamental: o direito a uma história e a uma memória coletivas nas quais eles possam se reconhecer como herdeiros e responsáveis por sua renovação crítica. Em uma palavra, nosso currículo eurocêntrico tem negado, não só aos afrodescendentes, mas a todos os brasileiros, a possibilidade de compreender aspectos fundamentais de sua formação cultural e, portanto, de sua formação como sujeitos.

Por uma pedagogia da dignidade

Responder a essa lacuna requer dedicação à produção e à difusão de conhecimentos acerca da história da África, da diáspora dos povos africanos e de sua presença em nossa cultura. Requer ainda políticas de formação de professores e o desenvolvimento de práticas pedagógicas capazes de integrar esses conhecimentos e saberes à nossa vida política e à nossa memória comum. Não se trata, pois, de valorizar a cultura afro-brasileira como um meio ou instrumento para outro fim, do que é exemplo a recorrente ideia de se elevar a autoestima dos jovens negros.

Ao enfatizar seus possíveis efeitos psicológicos em certos indivíduos, obscurecemos a potencialidade política da diretriz legal. Embora seja fruto da luta histórica do Movimento Negro, essa conquista representa uma oportunidade ímpar para toda a sociedade brasileira: o reconhecimento de que, sem o estudo e a compreensão da cultura afro-brasileira, nunca lograremos compreender como chegamos a ser o que hoje somos.

REFERÊNCIA BIBLIOGRÁFICA
Brasil, 2003.

ODE À LIBERDADE

O cinema e a concretude da experiência escolar

O professor Antonio Candido, em um ensaio clássico, afirma o caráter universal da *fabulação*, das *criações de toque poético, ficcional ou dramático* que dão origem à literatura. Para ele, a literatura é uma espécie de *sonho acordado das civilizações*, no qual a vida é recriada, os sonhos são vividos, o passado é revisitado. Por isso, não é raro que memórias e ficções sobre a vida escolar nos apresentem descrições mais interessantes para a formação de professores do que uma pletora de estudos empíricos, em geral incapazes de captar a concretude de uma experiência pessoal e social na instituição escolar.

No cinema – essa forma contemporânea de *fabulação ficcional* – a experiência escolar tem sido um tema recorrente. Por vezes, de forma direta, como em Sociedade dos poetas mortos ou Nenhum a menos. Em outras, de forma secundária no roteiro, mas não menos marcante e decisiva na formação dos sujeitos. É o caso do filme The wall, com sua cena antológica na qual, ao som de Pink Floyd ("We don't need no education..."), crianças caminhavam em direção a um moedor de carne. Mas há uma produção espanhola de 1999 – A língua das mariposas – que, embora tenha passado quase despercebida em nossos cinemas, merece a aten-

Por uma pedagogia da dignidade

ção de professores e formadores. Raras foram as ocasiões em que o ideal educacional republicano apareceu de forma de tão clara e tocante.

Nessa obra, dirigida por José Luis Cuerda, somos apresentados a Dom Gregório, um professor prestes a se aposentar e que encarna toda a esperança que republicanos – socialistas ou anarquistas – depositavam na educação como elemento de emancipação social na rica atmosfera pedagógica que sucedeu à proclamação da II República na Espanha. Moncho é um garoto de 7 anos, sensível e curioso, mas preso ao convívio familiar em razão da fragilidade de sua saúde. O protagonista do filme não é um nem outro, e sim a relação entre ambos no contexto da radicalização política que culminará com a Guerra Civil Espanhola.

Ao longo de um ano de convivência, Moncho irá descobrir o amor, o sexo, a morte, a traição. Em uma cena que é a própria síntese desse processo, depois de perguntar sobre a existência do céu e do inferno, Moncho morde uma maçã e olha para o infinito como quem perde as certezas e a inocência. E ele pergunta a seu professor: "Quando se morre, se morre?" A atitude de Dom Gregório nesse episódio é exemplar: pergunta-lhe o que diz sua mãe, católica, e seu pai, um republicano. Em seguida, o professor não se furta a apresentar sua visão. Porém, não o faz como alguém que revela uma verdade final e inconteste, e sim como alguém que convida ao pensamento. Dom Gregório desafia, por fim, o próprio Moncho a enfrentar seu medo e a pensar por si mesmo. Sua ação sempre desvela seu compromisso com a liberdade.

Não simplesmente com a liberdade de escolha individual de Moncho, mas com a liberdade como um atributo potencial da vida política de homens que tomam para si a responsabilidade conjunta pelo seu destino. Liberdade que se concretiza na libertação em relação à educação dogmática do catolicismo ibérico, como na cena em que discute com o padre; na libertação da herança semifeudal em relação aos senhores de terras e de homens, como o momento no qual recusa a oferta do latifundiário que invade sua sala de aula. Enfim, na libertação em relação às amarras do passado obscurantista que dominava a Espanha e que acabará por triunfar novamente com o golpe de Estado do General Franco.

Na noite que precede o início da Guerra Civil Espanhola, Moncho chega ao fim do livro que Dom Gregório lhe havia ofertado. Era A ilha do tesouro. O tesouro da liberdade política, que também chegara ao fim.

REFERÊNCIA BIBLIOGRÁFICA
Candido, 2004.

ESCOLAS PARA QUÊ?

A multiplicidade de papéis sociais da instituição escolar

As tentativas de apontar uma função ou finalidade que explicite o significado social da escola esbarram sempre no fato de ela ser uma instituição social complexa, dotada de uma cultura cujas raízes remetem a uma diversidade de práticas, saberes e valores herdados e recriados em séculos de existência histórica. Seus princípios de ação se originam de uma ampla variedade de demandas sociais e econômicas, mas também de projetos políticos e concepções de homem e de mundo. Se na concretude de seu cotidiano eles se complementam, isso não se faz sem conflitos por vezes dilacerantes.

Em uma obra sobre o sentido da "experiência escolar" (À l'ècole, por enquanto, sem tradução para o português), Dubet e Martuccelli falam de três "funções" complementares e conflituosas dos sistemas escolares modernos. Por um lado, eles visam difundir saberes e competências que capacitarão os jovens a se inserir no mundo do trabalho. Em uma sociedade burguesa a escola tem, pois, um importante papel na preparação para o exercício profissional e na legitimação das hierarquias sociais e econômicas. Porém, o processo de escolarização não se reduz a essa "função socioeconômica" de legitimação das hierarquias, como pretendem alguns discursos bastante em voga.

Inserida em uma "sociedade de indivíduos", marcada pela ausência de laços de comunidade, a escola deve também cumprir o papel de criar a noção de pertencimento a um mundo comum, no qual compartilhamos – em algum grau – linguagens e critérios de avaliação, princípios de ação e formas de legitimação. Trata-se, neste caso, de certo – e inevitável – papel conformador da educação. A escola também almeja, nesse sentido, forjar algum tipo de identidade social a partir da criação de laços de pertencimento e de diferenciação, por meio dos quais uma "criança" se transforma em um "brasileiro", um "cristão", um "súdito".

Todavia, há ainda um papel formador na ação educativa escolar que remonta às próprias origens da instituição e que a ela confere um lugar ímpar em nossa sociedade. Trata-se do fato de que a escola se propõe a formar sujeitos que tenham algum grau de autonomia em relação às próprias instituições que o produzem socialmente. Isso implica a criação de uma distância entre a escola e as demandas do mundo, entre o tempo da formação e o tempo da produção e consumo, entre a coesão social e o jovem que a desafia. Por isso, ela deve favorecer a criação de um estranhamento crítico daquele que se educa em relação ao mundo no qual é iniciado pela educação.

Para Dubet e Martuccelli, é o equilíbrio entre essas três funções complementares que dotava a escola republicana francesa de sua aura de instituição semissagrada, dentro do contexto de uma sociedade completamente laicizada. E a sua perda, em favor da primeira dessas funções, tem dotado o processo de escolarização de um raso pragmatismo, incapaz de conferir à experiência escolar um sentido que ultrapasse a mera – e alegada – função econômica.

REFERÊNCIA BIBLIOGRÁFICA
Dubet e Martuccelli, 1996.

ATO FALHO?

Quando o lapso linguístico desvela o viés ideológico

Um quadro negro no qual, em letras desalinhadas, um jovem escreve: "O inssino no Brasiu è ótimo". Assim, a capa da revista semanal de maior tiragem do país anunciou sua matéria que abordava a má qualidade da educação brasileira. Melhor seria afirmar: foi desse modo que a revista apresentou seu manifesto contra a "doutrinação esquerdista predominante em todo sistema escolar *privado* e *particular*" (sic). Doutrinação alegadamente legitimada pela crença dos professores de que a finalidade maior da educação é "a formação de cidadãos conscientes" e não "o ensino de matérias". Analisemos, pois, essa dicotomia e seus pressupostos, objetos centrais da indignada crítica da revista e de seus editores.

De início, cabe ressaltar que a vinculação da educação escolar com a preparação para o exercício da cidadania não é um capricho de professores mal preparados, nem um ardil de esquerdistas, como nela se assevera. Trata-se, na verdade, de um princípio constitucional, reafirmado no artigo 2º da LDBN. Esses diplomas legais, por sua vez, refletem uma discussão que remonta pelo menos ao início de nossa tradição filosófica. Em A política, Aristóteles afirma que *cabe à legislação regular a educação e torná-la "pública"* (politikós). Se traduzirmos literalmente, a frase diz: tornar a educação *política*, ou seja, oferecer uma formação para a vida e os valores da Polis, da Cidade ou, se quisermos, da coisa pública (*res publica*). À educação não cabe priorizar a preparação para o êxito econômico do indivíduo, mas a valorização da vida política e do bem comum.

Assim também pensavam Montesquieu e Dewey: a república e a democracia exigem uma educação voltada para cultivo das virtudes políticas da vida em sociedade. O que todos esses pensadores buscam ressaltar é que a educação tem, sim, um importante papel ético e político na formação dos cidadãos e de uma nação. E ela o cumpre não opondo, como sugere a matéria, o ensino de conteúdos escolares à formação para a cidadania, e sim articulando-os, de forma que aquilo que se aprende não se dissocia daquilo em que alguém se transforma como resultado de um processo educacional. De um ponto de vista pedagógico, o ensino de história ou de ciências não é simplesmente a transmissão de um conhecimento científico ou acadêmico axiologicamente neutro, mas uma forma de educar. Nós educamos e formamos nossos alunos, inclusive ética e politicamente, por meio do ensino da literatura, da história, das ciências, das artes.

E educar sempre implica critérios de seleção de conteúdos, estratégias e perspectivas. Implica ainda uma imagem de homem que se almeja formar, um tipo de relação com a sociedade, com o trabalho e com os outros. Em síntese, implica valores e princípios éticos e políticos. Não há garantias infalíveis contra os riscos de doutrinação, nem na escola, nem na imprensa. As perspectivas educacionais de uma escola sempre refletirão os valores e princípios de sua cultura institucional. Entretanto, farão isso sob a égide da autonomia e do pluralismo de que gozam na qualidade de "instituições públicas". Autonomia e pluralismo que parecem ausentes em publicações que só vislumbram os interesses do que é *privado* e *particular*, omitindo, em um revelador ato falho, o caráter e o interesse público da educação.

REFERÊNCIA BIBLIOGRÁFICA
Aristóteles, 1997.

A CONFIANÇA

Sem provas nem certezas

Ela não pode ser um imperativo moral, pois resiste a qualquer sorte de voluntarismo: não se pode ordenar ao outro que a tenha, tampouco é possível exigir de si mesmo. Ela não pode surgir como fruto da aplicação de uma técnica ou de um procedimento pedagógico, pois nunca é o resultado de uma ação *sobre o outro*. Ao contrário, é sempre o produto de uma *relação com o outro* e só dessa forma se manifesta. Tal como a *fé* – seu parente etimológico –, ela guarda um ar de mistério: pode surgir ou desaparecer sem que saibamos por quê. A noção de *confiança*, crucial para uma ação educativa comprometida com a emancipação, parece condenada ao esquecimento nos discursos educacionais contemporâneos.

É nela, contudo, que se funda a capacidade de superar obstáculos: a confiança em si e o sentimento de ser objeto da confiança do outro são elementos centrais nas experiências educacionais que rompem com a rotina de um fracasso anunciado. Confiar no aluno, em sua potencialidade para nos surpreender, implica romper com a aceitação da lógica mecanicista que pretende saber de antemão seu destino. A noção de confiança exige, assim, que se abdique da certeza – de que a escola reproduz a desigualdade, de que João é carente... – em favor de uma aposta.

Aposta na capacidade do outro de criar – e não simplesmente de *encontrar* – seus próprios caminhos. Ela não supõe que saibamos nem que aprovemos o caminho que o outro tomará, simplesmente manifesta a firme crença de que ele pode e saberá encontrá-lo. Por isso, a confiança aposta na emancipação do educando, em sua capacidade de superar o que lhe foi dado como condição inicial. Ela aposta na capacidade do aluno de forjar seu próprio lugar no mundo comum.

E porque a confiança implica a renúncia às tentativas de controlar o futuro do outro, ela pode emancipar também o educador de seus sonhos de onipotência. Jamais o libera, no entanto, da responsabilidade das escolhas presentes (é muito possível, aliás, que a plena assunção dessa responsabilidade seja um dos elementos cruciais para que o educando venha a ter confiança no educador...). Assim, a confiança não revoga a assimetria característica da relação educativa, simplesmente torna patente seu caráter inexoravelmente temporário.

Sua presença cada vez mais escassa no vocabulário da educação contrasta com a difusão crescente e a aceitação generalizada da noção de *autoestima*, como que a sugerir algum grau de familiaridade ou proximidade entre elas. Nada mais enganoso. Enquanto a autoestima diz respeito a uma relação entre o indivíduo e a imagem que ele tem de si, a confiança diz respeito a uma forma por meio da qual um sujeito se relaciona com o outro e com o mundo. Ela é, nesse sentido, um conceito político, pois diz respeito a uma forma de viver com os outros. Se a autoestima pode existir a despeito do mundo e dos outros, a confiança sempre exige a experiência da alteridade. É na relação com o outro que posso manifestar minha confiança de que aquele a quem hoje educo poderá ser o educador de amanhã, que posso confiar aos mais novos a tarefa de cuidar de tudo aquilo pelo qual hoje tenho apreço e estima.

Confiar naqueles que educamos é, pois, transmitir-lhes simultaneamente um legado do passado e uma esperança em relação ao futuro, é resistir à tentação de querer configurar o amanhã, sem se furtar às obrigações do hoje. É acreditar no valor intrínseco da liberdade, sem nenhuma prova de sua existência, sem nenhuma certeza de seu benefício.

SOBRE O CONCEITO DE FORMAÇÃO

Distinções entre "formação" e "aprendizagem"

Nas reflexões precedentes, várias foram as ocasiões em que a noção de "formação" foi evocada. O termo é carregado de significado e tem uma longa trajetória histórica no pensamento educacional. Lançamos mão dele, por exemplo, para traduzir a noção grega de "*Paideia*", um processo educativo cujo ideal era transmitir aos mais jovens as formas e criações espirituais de seus antepassados. É a ele que também recorremos ao tentar compreender a noção de "formação cultural" no quadro do pensamento humanista, por exemplo. Seria insensato imaginar que a variedade de seus usos teóricos e históricos pudesse ser resumida em uma definição capaz de captar seu traço essencial e permanente. Mas, ainda assim, creio ser possível ao menos indicar um campo semântico no qual o termo "formação" se distingua de outros aos quais são frequentemente associados, como "treinamento profissional" ou mesmo "aprendizagem".

Em que sentido, por exemplo, "formação" se distingue de "aprendizagem"? Ora, qualquer processo formativo implica algum tipo de aprendizagem, mas nem toda aprendizagem pode ser considerada um processo formativo. A noção de "aprendizagem" indica simplesmente que alguém veio a saber algo que não

Por uma pedagogia da dignidade

sabia: uma informação, um conceito, uma capacidade. Porém, não implica que esse "algo novo" que foi aprendido transformou aquele que o aprendeu em um novo "alguém". Essa é uma primeira característica distintiva do conceito de *formação*: uma aprendizagem só é *formativa* na medida em que opera transformações na constituição daquele que aprende. É como se o conceito de *formação* indicasse a *forma* como nossas aprendizagens e experiências nos constituem como um ser singular no mundo.

Nem tudo que aprendemos – ou vivemos – deixa em nós traços que nos formam como sujeitos. As notícias dos telejornais, o trânsito de todas as manhãs, as informações sobre o uso de um novo aparelho, uma técnica para não errar mais a crase: tudo isso pode ser vivido ou aprendido sem deixar traços, sem, portanto, nos *afetar*. Uma experiência torna-se formativa por seu caráter *afetivo*: um livro que lemos, um filme a que assistimos ou uma bronca que tomamos *ressoa* em nosso interior, como a nota de um instrumento que, ao ser tocado, ressoa na corda de outro. Trata-se, pois, de um *encontro* entre um evento, um objeto da cultura e um sujeito que, ao se aproximar de algo que lhe era exterior, caminha em direção à constituição de sua própria vida interior.

Por ter esse caráter de *encontro constitutivo*, os resultados de uma experiência formativa são sempre imprevisíveis e incontroláveis. É relativamente simples saber se alguém aprendeu ou não uma informação ou em que grau desenvolveu uma competência. Contudo, é impossível saber em que sentido e com qual intensidade a apreciação de uma obra da arte, por exemplo, teve um impacto formativo em alguém. Ao comentar o conflito potencial entre o recorrente desejo de controle da ação pedagógica e o caráter formativo da literatura, Antonio Candido ressaltou que a experiência literária representa uma poderosa força indiscriminada de iniciação na vida. Ela não *corrompe* nem *edifica*, mas, por trazer *"livremente em si o que chamamos o bem e o que chamamos o mal, humaniza em sentido profundo, porque faz viver"*.

Assim é a experiência de uma educação voltada para *formação*. Um exercício de liberdade que exige do professor a responsabilidade pelas escolhas de conteúdos curriculares e práticas pedagógicas. Mas que, ao mesmo tempo, implica a abdicação do controle sobre os efeitos dessas escolhas em seus alunos.

REFERÊNCIAS BIBLIOGRÁFICAS

Agamben, 2005; Candido, 2004; Larrosa, 2002.

METÁFORAS EDUCACIONAIS

A multiplicidade de imagens associadas à educação

Em Platão, a formação educacional é descrita como análoga a um caminhar – lento, difícil e muitas vezes penoso – que leva o caminhante das sombras da caverna à luz do sol. Uma trajetória em direção à luz cujo brilho, mais do que simples condição para enxergar a verdadeira forma dos objetos, é sua razão de ser. Em Rousseau, o processo educativo é comparado ao lento e cuidadoso cultivo de uma planta, de forma que, ao respeitar a natureza do ser que floresce, o educador auxilia-o a se desenvolver em toda sua humanidade. Em Locke, a criança é comparada a uma folha de papel em branco sobre a qual os sentidos e a educação inscrevem informações, conhecimentos e hábitos que o constituirão como sujeito. Cada um desses pensadores, com base em suas concepções e interesses teóricos, procurou veicular uma metáfora educacional por meio de uma imagem cuja analogia deveria elucidar a complexidade do processo educativo.

Em todos eles, a metáfora é menos uma explicação do que um convite a buscar o sentido da analogia veiculada. Ela jamais nos diz precisamente em que consiste a semelhança sugerida e sua fecundidade depende da capacidade que o leitor tem de dela extrair, a um só tempo, uma compreensão adequada do processo educativo e um princípio de ação capaz de guiá-lo em suas tarefas cotidianas. As metáforas educacionais têm, pois, um duplo papel: elas descrevem e prescrevem. Elas nos apresentam a natureza de um fenômeno e sugerem uma forma de ação que consideram adequada ao processo educativo. Assim, à metáfora que descreve a criança como um ser que floresce corresponde a do professor como um jardineiro cujo dever é cuidar de cada planta a fim de que ela se desenvolva em acordo com a sua natureza.

Não é surpreendente, pois, que essa metáfora tenha se transformado em uma contraposição recorrente a discursos educacionais de recorte autoritário, cujos preceitos tendiam a obscurecer o fato de que o aluno não é um objeto amorfo e destituído de qualquer singularidade, mas um sujeito em interação com sua história e condição social. Por outro lado, sua aceitação acrítica tem, há décadas, cooperado para uma visão que reduz a importância do professor, de suas responsabilidades e de seus compromissos com o conhecimento e as instituições públicas. Ao jogar a luz sobre a singularidade daquele que aprende e se desenvolve, a metáfora obscurece que o desenvolvimento – cognitivo, afetivo, motor – pode sempre tomar uma infinita variedade de formas; que nem todas elas têm o mesmo valor educativo ou significado social. E que a opção entre um ou outro rumo exige a referência a princípios éticos e compromissos sociais.

Assim, a fecundidade de uma metáfora educacional não se dissocia de um contexto bastante específico. Se em determinadas circunstâncias ela pode ser elucidativa e proveitosa, em outras ela pode obscurecer exatamente aquilo que seria preciso ressaltar. Por isso, em face da hegemonia de uma metáfora, sempre convém evocar outras. Max Black, por exemplo, sugere a imagem do escultor a produzir sua obra como uma metáfora da ação docente. Tal como o jardineiro, o escultor não ignora a singularidade de cada pedra ou madeira sobre o qual exerce sua arte, tampouco ignora que o resultado da obra depende da mão daquele que esculpe, da clareza que tem de seus objetivos e da precisão que imprime em seus movimentos a fim de alcançá-los. A educação não é, assim, concebida como o pleno desenvolvimento de uma natureza inscrita no ser, e sim como a ação da cultura sobre um sujeito. Ela não ignora a natureza daquele com quem trabalha, mas sabe que a mesma matéria pode tomar infinitas formas e nem todas têm igual valor estético ou educativo.

REFERÊNCIA BIBLIOGRÁFICA
Scheffler, 1968.

A HERANÇA HUMANISTA

A cultura geral como formação do espírito

O ideal humanista de educação deixou marcas indeléveis na imagem que temos de escolaridade. Tanto é assim que até hoje recorremos à expressão "formação humanista" para designar um processo educativo amplo no qual o ensino não se limita à transmissão de informações e ao desenvolvimento de capacidades, mas funda-se no compromisso com o cultivo de princípios éticos e com a formação de um sujeito. Entretanto, a noção de uma "educação humanista", a exemplo de tantas outras do campo pedagógico, parece hoje padecer de um desgaste. Transformada em uma fórmula vazia, na qual tudo cabe e nada fica claro, ela tem perdido densidade semântica na medida em que seu emprego generalizado a aproxima de um *slogan*. Como em tantos outros casos, a elucidação de seus possíveis significados não pode ser lograda em abstração do sentido histórico de sua criação, da ruptura que representou em relação à escola latina medieval que a precedeu.

O movimento que deu origem a esse ideal formativo não se separa da renovação artística e cultural do Renascimento italiano dos séculos XIV e XV. Não no sentido, tantas vezes anunciado, de que teria havido uma radical substituição dos conteúdos curriculares ou dos métodos de ensino. A ruptura, mais profunda, ocorre na própria concepção do significado social da educação e em seus fundamentos. O ensino escolástico, de grande importância para o estabelecimento de instituições e práticas escolares, sempre se desenvolveu sob o signo de uma verdade transcendente da qual a Igreja era depositária. Nesse sentido, não era seu objetivo a formação de um sujeito capaz de autodeterminação, seja no plano de sua consciência ou em sua relação com o mundo.

O ensino escolástico moldou-se com o desígnio de oferecer uma formação específica dentro de um quadro de especialistas e profissionais, como no caso dos estudos em Teologia, Direito ou Medicina. Para o humanismo, ao contrário, a educação não deveria se limitar aos saberes necessários para um exercício profissional específico. Uma de suas grandes contribuições foi justamente a noção, até então desconhecida, de "cultura geral", concebida como um saber cujo sentido formativo não se confundia com nenhuma aplicação imediata. Nisso reside a importância da literatura clássica e da filosofia antiga no currículo humanista. Estudavam-se os clássicos porque deles se podia extrair o alimento espiritual para que cada um conquistasse sua "humanitas", ou seja, para que cultivasse seu espírito em diálogo com a herança greco-romana. Mais que uma lista de obras literárias e filosóficas, esse legado se identificava com o que os renascentistas acreditavam ser a marca do mundo antigo (e que por eles deveria ser recuperada): a liberdade como condição política do homem que se sabe sujeito.

Familiarizar-se com essa herança pode ser um bom antídoto contra um sistema escolar cada vez menos marcado pela ambição de formar sujeitos e cada vez mais comprometido com uma divindade não transcendente, mas imanente: o mercado e suas supostas necessidades técnicas.

REFERÊNCIA BIBLIOGRÁFICA

Garin, 1988.

MEMORIZAÇÃO E TREINAMENTO

Um desprezo equivocado

Meu irmão, que nunca teve grande paixão pelos estudos, havia tirado uma nota baixa em Matemática. Em resposta reativa, meu pai mandou-o estudar a tabuada com o senhor Pinhão, que curiosamente era eletricista e não professor. Porém, a eficácia de seu de ensino era renomada no bairro. Nunca entendi por que meu pai estendeu também a mim, que tinha um bom desempenho nessa disciplina, as aulas de tabuada do senhor Pinhão. Contudo, rapidamente vim a descobrir as razões do sucesso do método Pinhão de ensino de Matemática.

Sentávamos em uma mesa rústica na sala de sua modesta casa. À porta ficava seu cachorro, um pastor alemão. O senhor Pinhão, calvo e rechonchudo, trazia-nos papel e lápis e ditava a tabuada. Depois nos deixava com a ordem de decorá-la, avisando que só sairíamos de lá quando provássemos saber de cor a lição. No primeiro dia, ao vê-lo sair, meu irmão fez um gesto rápido para saltar da cadeira em direção a seu quintal chcio de árvores tentadoras. Imediatamente o cão rosnou e mostrou dentes pontiagudos capazes de dissuadir qualquer resistência à disciplina imposta pelo senhor Pinhão. Ao voltar, ele "tomou a tabuada" – como costumávamos chamar esse tipo de verificação oral do conhecimento – e, satisfeito com o resultado, dispensou-nos por aquele dia. Algumas lições bastaram para que meu irmão memorizasse a tábua de multiplicação e automatizasse alguns procedimentos que lhe garantiram a aprovação.

Hoje o senhor Pinhão seria convocado pelo Conselho Tutelar e seus métodos seriam unanimemente condenados. Não tenciono defender o recurso a cães de guarda como agente disciplinador, nem em sua versão literal, nem disfarçado em seus modelos contemporâneos e *"high-tech"* (como as câmeras a vigiar professores e alunos!). Contudo, creio que o desprezo de certas correntes pedagógicas em relação à memorização (de tabuadas, de lista de verbos irregulares etc.) e pela automatização de certos procedimentos de uma disciplina escolar é um equívoco. A memorização de informações passou a ser desprezada como algo sem importância e o treinamento de certas habilidades relativamente mecânicas, como algo sem sentido. É como se ao ensinarmos a decorar a tabuada impedíssemos o aluno de raciocinar; ao treinarmos certos procedimentos de forma padronizada, o impedíssemos de criar algo novo. Nada mais falso.

Um aluno que sabe a tabuada de cor pode ter sua mente livre para pensar a solução de um problema, justamente porque a sabe de cor e com ela não se preocupa. Analogamente, treinar e automatizar certos procedimentos não tolhem a criatividade, são quase sempre condição *sine qua non* para seu aparecimento. A interpretação criativa de um pianista é precedida por um treino e uma disciplina extenuantes. As centenas de exercícios estereotipados com bola não tolhem, mas propiciam a criatividade do craque de futebol. Memorizar novas palavras, recorrer

Por uma pedagogia da dignidade

a exercícios gramaticais, decorar regras de ortografia e acentuação não impedem um aluno de se expressar criativamente; criam mais condições para que isso se realize.

REFERÊNCIA BIBLIOGRÁFICA
Ryle, s/d.

NEM TÉCNICA NEM MAGIA. POLÍTICA E ARTE

O caráter artesanal da criação pedagógica

Lembro-me de que era final de ano, provavelmente novembro, no início da década de 1990. Na sala de professores em uma escola de ensino médio, corrigia, entediado, provas de Filosofia. Irene, professora de Português, ao nelas ver um excerto de Platão, comentou sua admiração pela cultura grega clássica, pelo seu teatro e sua arquitetura pública. Walmir, professor de Física que estudava história da ciência, animou-se com nossa conversa e passou a falar sobre as concepções cosmológicas e a física aristotélica. Em minutos, estávamos completamente tomados pelo prazer de poder relatar e ouvir histórias, discutir concepções, aprender uns com os outros.

Não me lembro de quem veio a ideia e nem importa, posto que foi gestada em conjunto; mas sei que alguém falou algo como "*O mundo grego...*", provavelmente Walmir, com seus gestos teatrais; "*é isso o que deveríamos ensinar! Já pensou? Estudar teatro grego, filosofia grega, ciência antiga...*" Com entusiasmo quase juvenil, iniciamos um esboço do que poderia ser o conteúdo de uma disciplina assim: filosofia e ciência nos pré-socráticos, dramaturgia clássica e artes plásticas... Um bimestre para cada professor. Claro, precisaríamos de um bimestre de história. E, sobretudo, con-

Por uma pedagogia da dignidade

vencer a escola de que seria viável e interessante. Com quatro professores, poderíamos nos alternar: em cada bimestre um professor assumiria uma turma, duas aulas por semana. Ao longo do ano cada professor passaria um bimestre com cada uma das turmas. O planejamento dos nossos sonhos acabou por consumir o horário de almoço de duas ou três segundas-feiras.

Apresentamos a ideia aos demais professores, coordenadores e alunos. Com coragem e ousadia, a escola aceitou a proposta. E por um ano tivemos a experiência extraordinária de propiciar a nós e a nossos alunos a oportunidade de se aproximar da Grécia Clássica a partir de perspectivas e olhares distintos e complementares. Até hoje não sei se deveria considerar a iniciativa um trabalho *trans, inter* ou *multidisciplinar*; o que, aliás, nunca importou a nenhum de nós. Sei que parte substantiva de seu êxito se deve ao fato de que ela não foi uma tentativa de aplicação de teorias pedagógicas concebidas no isolamento tecnocrático dos especialistas. Ao contrário, o projeto nasceu do interesse e do entusiasmo compartilhados por um grupo de professores, na teia cotidiana de suas relações de trabalho.

Paradoxalmente, parece ser justamente o êxito de iniciativas como essa que subjaz às tentativas de se forjar métodos e procedimentos pedagógicos pretensamente generalizáveis e potencialmente capazes de imprimir mais eficiência, criatividade e qualidade ao trabalho docente. O problema é que, ao transformar iniciativas autônomas e locais em "teorias metodológicas" gerais, esquecemos algumas das condições fundamentais de seu êxito. Por exemplo, o fato de que nasceram da imaginação e da prática dos profissionais responsáveis por sua execução e que refletem seus interesses, aspirações e saberes. Como dizia o velho mestre José Mário Pires Azanha, *professores que não participam da criação de uma proposta pedagógica desoneram-se de seu êxito.* O valor educativo de uma iniciativa pedagógica não é produzido pela observância de procedimentos técnicos, nem resulta da magia pessoal de quem os aplica. É fruto da política e da arte, da livre discussão entre pares e do saber-fazer de uma cultura profissional.

REFERÊNCIA BIBLIOGRÁFICA

Benjamin, 2012; Azanha, 2006.

UMA ÉTICA DA OBEDIÊNCIA

Adaptação como recusa à reflexão e à deliberação ética

Ainda não havia uma semana que chegáramos a Paris para uma temporada de estudos. Era a primeira vez que Moana entrava em um supermercado francês. Mesmo em tempos de globalização do consumo, uma criança de 4 anos se encanta com pequenas diferenças em objetos e práticas culturais. Ao chegarmos ao caixa, ela notou uma porta automática que se abria cada vez que alguém dela se aproximava. Largou minha mão e para lá correu, a despeito de meus avisos e protestos. Imediatamente, uma senhora de pouco mais de 60 anos me alertou sem nenhum constrangimento: "É preciso ser severo! Ela tem de aprender a obedecer".

Diante de minha perplexidade silenciosa, ela repetiu suas palavras, desta vez em espanhol. Imediatamente lhe esclareci que falava francês, que havia compreendido suas palavras. Expliquei-lhe que meu espanto se devia antes ao abismo entre nossas concepções e práticas educativas do que a mal-entendidos linguísticos. Para ela, como para uma parte bastante considerável dos franceses de sua idade, a obediência ao adulto é, em si, uma virtude que deve ser cultivada desde a mais tenra idade. A contenção rígida e a necessidade de adaptação às normas de um mundo adulto lhe pareciam ser imperativos morais acima de qualquer sorte de questionamento. Daí sua perplexidade quando lhe respondi que também desejava ser obedecido, mas não como se minha ordem dispensasse qualquer apresentação de razões e argumentos.

O episódio, em sua banalidade cotidiana, é um convite à interrogação sobre um grave dilema no campo da formação ética. Por um lado assistimos, de forma cada vez mais frequente e intensa, a uma recusa por parte dos adultos de sua responsabilidade na apresentação e no cultivo de normas e regras que dizem respeito à convivência das crianças com um mundo comum e público. O resultado tem sido a formação de pequenos tiranos que creem poder fazer de seus desejos a regra, de seus caprichos as normas. Por outro lado, a resposta a essa tendência tem sido o louvor à obediência e à submissão às regras como se essas fossem as mais altas virtudes cívicas, capazes de restaurar uma suposta ordem perdida.

Em face dessa crença, é sempre bom lembrar que Eichmann, o oficial nazista responsável pela logística da remoção e transporte de judeus para os campos de extermínios, alegava em sua defesa que ele simplesmente cumprira diligentemente as ordens que lhe foram dadas. Ele obedecia por dever – um "dever moral", segundo suas próprias palavras! –, independentemente de suas convicções pessoais. A recusa à reflexão, à responsabilidade pessoal pelo exame do sentido ético de uma regra, norma ou ação transforma-se, em seu discurso, no fundamento de uma suposta "ética da obediência". Em sua substância, o argumento de Eichmann não difere dos que alegam que as torturas e os assassinatos durante o regime militar no Brasil foram executados em cumprimento a ordens superiores e por isso não devem gerar responsabilização pessoal. Nos dois casos – como

Por uma pedagogia da dignidade

a exemplo de tantos pequenos episódios cotidianos – a obediência cega substitui o ajuizamento ético, o cumprimento da regra dispensa a decisão moral.

Ao final de nosso pequeno embate pedagógico, a distinta senhora me alertou que, se estávamos a viver na França, deveríamos agir como os franceses. Novamente objetei que estávamos lá por apenas um ano e não tencionava criar minha filha como se ela fosse uma francesa. Já sem paciência, ela concluiu: "Seja como for, senhor, é preciso se adaptar. É preciso se adaptar!", ao que pensei comigo: a "ética da obediência" vincula-se à "lógica da adaptação", e cobram de nós o mesmo preço: a destruição de nossas capacidades de reflexão, de ajuizamento próprio e de decisão pessoal.

REFERÊNCIA BIBLIOGRÁFICA
Arendt, 2011.

PENSAR A INFÂNCIA

As abordagens sócio-históricas e a desnaturalização da infância

Desde a publicação, em 1960, das investigações de Philippe Ariès sobre a infância e a vida familiar no Antigo Regime, um número crescente de historiadores, sociólogos e filósofos passou a se interessar pelo tema. Diferentemente das abordagens psicogenéticas até então predominantes, o olhar sócio-histórico tende a desnaturalizar a infância, a negar-lhe o estatuto de um fenômeno universal. É evidente que há diferenças biológicas e psicológicas incontestáveis entre uma criança de 7 anos de idade e um adolescente de 17, assim como entre um adulto de 20 e um de 40. Porém, o que Ariès nos mostrou foi que a infância é mais do que a descoberta da especificidade de uma etapa da vida: ela é sua produção simbólica.

A invenção da infância, concebida como uma etapa formativa do sujeito, não se separa da criação de uma série de dispositivos sociais que produziram uma cisão entre o universo simbólico dos adultos e o daqueles que deveriam aspirar a essa condição. Foi a partir do Renascimento, por exemplo, que se criaram práticas de segregação sistemática dos mais novos, identificando-os como uma categoria especial de pessoas que

Por uma pedagogia da dignidade

precisavam de cuidados específicos. Criou-se, por exemplo, uma identificação visual própria: as roupas de crianças passam a ser diferentes das vestimentas dos adultos. Desenvolveu-se uma linguagem infantil, a qual pretendia ser expurgada de tudo que soasse indecente ou obsceno para os mais novos. Criou-se, enfim, a noção de que o filho – a criança – é uma "obra" dos pais, e seu êxito posterior na vida pública ou privada depende dessa etapa e dos esforços nele concentrados. A noção de infância como um momento decisivo na formação do homem letrado, de seus hábitos e seu caráter caminhou *pari passu* com a expansão da escola como instituição responsável pela formação do novo homem e do cidadão moderno.

A partir da década de 1980, os estudos históricos e sociológicos sobre a infância se multiplicaram. Por um lado, surgiram teses, como a de Neil Postman, para quem a noção de infância, constituída ao longo da modernidade, estaria em vias de desaparecimento. As novas tecnologias de comunicação social – notadamente a mídia eletrônica – acabariam com a cisão entre os universos adulto e infantil. O mundo da imagem rivalizaria com a cultura letrada. Enquanto esta exige a longa preparação de uma mente para a linguagem conceitual e abstrata dos livros, a cultura imagética é direta e não faz distinções entre adultos e crianças. O resultado teria sido o esvanecimento das fronteiras entre o mundo infantil e o adulto, criando um adulto infantilizado e uma criança precocemente exposta a toda sorte de informações até então consideradas danosas à sua formação.

Já o filósofo francês Alain Renaut encara as transformações contemporâneas nas relações entre adultos e crianças como resultado de um lento mas crescente processo de consolidação dos ideais modernos de liberdade e igualdade nas relações sociais. Tal como ocorreu em relação às mulheres, as crianças do mundo contemporâneo deixam de ocupar uma posição de submissão para ganhar o estatuto de sujeitos. Sua emancipação em relação à autoridade dos adultos traz à tona novos problemas, porém está longe de ser a dissolução do projeto pedagógico moderno. É, antes, sua radicalização. Em sua visão, o grande desafio dos educadores de hoje não é a tentativa de barrar essas transformações, e sim equilibrar os direitos das crianças com as responsabilidades dos adultos em relação à sua proteção.

Independentemente das polêmicas que suscitam, as leituras de Ariès, Postman e Renaut têm um mérito comum: convidam-nos a refletir sobre o sentido das relações entre gerações que coabitam um mundo, sobre os dilemas da natureza dessa transmissão de experiências simbólicas a qual denominamos educação. Pensar a infância é, pois, pensar as vicissitudes de nossa relação com aqueles que nos precederam e com aqueles que nos sucederão neste mundo comum.

REFERÊNCIAS BIBLIOGRÁFICAS
Ariès, 2011; Postman, 1999; Renaut, 2004.

O QUE FAZ A ESCOLA SER ESCOLA

Para além das competências e qualidades individuais

A cada final de ano letivo o rito se repetia. Reuníamo-nos com diários de classe, provas finais, anotações e todo bom humor que nos restava àquela altura do ano para o conselho de classe: um órgão colegiado em que os professores deliberavam conjuntamente sobre o destino escolar de alunos cujas notas não os dispensavam dos exames finais. Havia uma professora de Português que, a cada aprovação de um aluno com desempenho sofrível em sua disciplina, bradava: "Mais um analfabeto que jogo no mundo". Por vezes, era um desempenho meramente medíocre e os colegas protestavam, mas ela insistia. Havia ainda Alice, professora de Matemática capaz de fornecer com precisão o número de exercícios que determinado aluno tinha deixado de entregar naquele ano, seu percentual de faltas, a média ponderada e o desvio padrão. Entretanto, nunca era capaz de vincular os dados de seu diário ao aluno aos quais eles se referiam! Era quase sempre obrigada a pedir auxílio aos colegas para identificar *quem* era exatamente o objeto de nossas discussões. Havia Marcelo, de Geografia, a nos lembrar que André era um ótimo jogador de futebol e que podia continuar na escola, mesmo sem dominar trigonometria...

Era nos conselhos de classe que a diversidade de visões sobre o sentido da experiência escolar emergia com clareza entre nós. Hoje creio que era neles, e não nas enfadonhas reuniões pedagógicas, que traçávamos muitas das linhas que nos uniam em torno de um projeto comum, a despeito das diferenças pessoais. Nessas ocasiões, sentíamos, ainda que fôssemos incapazes de verbalizá-lo, que uma boa escola é muito mais do que uma mera reunião de indivíduos supostamente competentes no ensino de cada uma de suas disciplinas. Nesse sentido, uma escola se assemelha a um bom time de futebol: bastam um ou outro craque e um sólido espírito de equipe.

Na escola, como no futebol, a excelência é um atributo do conjunto e não um resultado da simples somatória de qualidades e talentos individuais. Há atributos de um conjunto – ou de uma totalidade – que não são redutíveis às suas partes constitutivas. Ser "infinito", por exemplo, é uma propriedade do conjunto de números naturais que não está presente em nenhum de seus elementos individualmente considerados. Cada um deles é finito, mas o conjunto é infinito. Analogamente, instituições sociais, como a escola, têm atributos que derivam de sua história, têm virtudes e defeitos que se alimentam do tipo de relações sociais em que nela se travam. Essas marcas institucionais forjam uma cultura e um modo de funcionamento cuja força e permanência ultrapassam os indivíduos que a formam em dado momento. Por isso, uma escola pode manter sua excelência apesar do fluxo incessante de novos profissionais. Ou decair a despeito de sua permanência.

Tudo isso parece soar bastante trivial. E talvez o seja. Porém, tende a ser solenemente esquecido em quase todas as formulações de políticas públicas de formação de professores e melhoria da qualidade da educação. Nelas se concebe a boa formação de um professor como decorrente da posse de certas "competências", técnicas e informações que seriam capazes de transformá-lo em um "indivíduo" capaz de ensinar outros "indivíduos". Tudo se passa como se a relação entre professor e aluno não fosse mediada por uma instituição com histórias, valores, princípios e práticas. Como se ela não fosse produto de uma cultura peculiar que carece de ser estudada e reconhecida. Não porque de seu conhecimento possamos derivar técnicas infalíveis, mas porque somente a partir da compreensão da especificidade da cultura escolar poderemos renovar suas práticas e criar um diálogo crítico com o legado do qual somos herdeiros.

É essa imagem simplificada e individualizada da tarefa docente que tem embalado os filmes ingênuos de Hollywood, como *Sociedade dos poetas mortos*, nos quais o bom professor é um herói isolado, que se crê moralmente superior aos pobres "burocratas" do ensino. E ainda pior: é essa mesma imagem midiática que tem alimentado a indigência de nossas políticas públicas de formação de professores. Em seu reformismo abstrato, elas creem poder mudar a escola dotando os indivíduos que nela trabalham de certas qualidades espirituais genéricas: o professor "crítico, criativo e reflexivo", por exemplo. Assim, perdem de vista a concretude do cotidiano escolar com seus conselhos de classe, ditados, diários; com suas filas, merendas, brigas no recreio... Enfim, com tudo aquilo que faz a escola *ser escola*.

REFERÊNCIA BIBLIOGRÁFICA
Azanha, 2006.

A VOLTA DA REPROVAÇÃO

Quando o plausível impede de se ver o óbvio

As últimas disputas eleitorais trouxeram à luz um debate que parecia tender para a escuridão do esquecimento: a reprovação como modalidade de prática pedagógica. E o fez não só por meio dos discursos politicamente conservadores, sempre marcados pela ênfase na competitividade e no sucesso individual como suposto atestado do mérito pessoal. A ideia da "progressão continuada" da aprendizagem tem sido fustigada mesmo por grupos políticos cuja retórica sempre foi alinhada a posições supostamente progressistas e identificadas com a democratização da escola.

O argumento é simples e pode até soar plausível: o nível de rendimento escolar dos alunos da escola pública é baixo. A escola pública do estado de São Paulo não reprova. Logo, a não reprovação é a responsável pelo baixo rendimento. Por decorrência, a reintrodução da reprovação do aluno resultará na melhoria de seu desempenho escolar. Entretanto, nem tudo que soa plausível é válido do ponto de vista lógico, nem se sustenta do ponto de vista dos fatos, nem é aceitável do ponto dos valores de uma sociedade democrática.

Supondo que o rendimento da aprendizagem seja baixo, cabe a pergunta: a que ou a quem podemos atribuir as razões desse desempenho? Ora, em toda relação de "ensino" temos necessariamente três elementos: 1. aquele que ensina; 2. alguém a quem se dirige seu ensino; e 3. algo que é ensinado. A aprendizagem, fruto esperado do ensino, sempre se manifesta – seja em sua excelência, insuficiência ou ausência – naquele a quem se ensina (o segundo dos três elementos). É, pois, sempre e necessariamente no aluno que se pode constatar se houve aprendizagem e em que medida, seja qual for o papel dos outros dois elementos para esse resultado! Da mesma forma que é sempre no "pobre" que se manifesta a "pobreza" presente em uma sociedade, seja ela causada por um desemprego estrutural da sociedade, pela desqualificação profissional do indivíduo ou por uma catástrofe natural.

É evidente que sempre é possível elencar fatores que vinculam o "fracasso" da aprendizagem ao aluno: ele faltou, ele tem fome, não fez sua parte, sua "família é desestruturada" etc... etc... Contudo, não poderíamos também atribuir a não aprendizagem – ou a sua insuficiência – a outros fatores? Não seria também plausível evocar outros elementos implicados em uma relação de ensino e aprendizagem? Não seria razoável, por exemplo, supor que seu "fracasso" tenha sido fortemente influenciado por características daquele que ensina: seus procedimentos e recursos, suas faltas ou os limites de sua formação? Não poderia ainda o desempenho insatisfatório resultar de uma inadequação entre o que lhe é ensinado e suas expectativas, seu universo cultural ou campos de interesse? Não poderíamos ainda pensar em toda a sorte de relações entre esses três elementos? Nos vínculos afetivos entre quem ensina e os que são ensinados, entre quem ensina e aquilo que ele ensina, entre esses elementos e a instituição em que ocorre o ensino? As perguntas poderiam se multiplicar *ad infinitum*.

Os fatores intervenientes em uma relação de ensino e aprendizagem escolar são múltiplos e complexos. Dificilmente poderíamos isolar um elemento como sendo inequivocamente determinante da não aprendizagem ou de sua insuficiência. E, ao aceitar a reprovação, não hesitamos em responsabilizar e punir sempre um único e mesmo elemento dessa complexa relação: aquele a quem se ensina, ou seja, o aluno. Assim, não se evocam as responsabilidades daqueles que ensinam, a adequação do que é ensinado ou as características do contexto institucional em que se ensinam.

Por outro lado, existe alguma evidência de que a reprovação de um aluno leva à melhoria de sua aprendizagem? Nenhuma! Não há nenhum estudo empírico que mostre conexão significativa entre reprovação e melhoria de desempenho escolar. A reprovação fazia sentido em um sistema escolar que não dispunha de vagas para todas as crianças. Ela foi criada como mecanismo precoce e contínuo de seleção: somente os tidos por mais aptos à vida escolar poderiam e deveriam nela permanecer. A escola não era, pois, para todos, mas para os considerados aptos e dignos de nela continuar. Nisso se percebem o sentido e a funcionalidade da reprovação como prática pedagógica.

Contudo, qual seu sentido hoje, quando todos têm garantias de acesso à escola? Por que uma instituição que professa seu compromisso com uma sociedade democrática não pode conviver com alunos de diferentes níveis de desempenho? Por que um aluno não teria o direito de continuar o fluxo de sua vida escolar mesmo não tendo aprendido, por exemplo, a balancear equações químicas? Seria a aprendizagem desse conteúdo escolar – ou de qualquer outro – um pré-requisito para a continuidade de sua formação? Eu, que nunca aprendi a balancear equações químicas, hoje formo professores. Inclusive de Química!

REFERÊNCIA BIBLIOGRÁFICA
Passmore, 1984.

O DECLÍNIO DA ARTE DE FORMAR

Alienação docente e desresponsabilização

Em "O Narrador", Walter Benjamin nos alerta para a extinção, no mundo contemporâneo, da arte de narrar histórias. Com seu desaparecimento progressivo se esvai também o valor de narrativas que condensavam experiências originariamente distantes de seus ouvintes no tempo e no espaço (*Era uma vez, em um país distante...*), mas cujo sentido se reatualizava a cada nova versão. Por isso, para Benjamin, "*o narrador figura entre os mestres e os sábios. Ele sabe dar conselhos: não para alguns casos, mas para muitos*".

Seu desaparecimento não resulta exclusivamente do desenvolvimento de novas formas literárias, como o romance. Ao contrário, reflete o declínio do trabalho artesanal e a ascensão da cultura do trabalho industrial. Por ser artesanal, a narrativa sempre se impregnou daqueles que a produzem, tal como "a mão do oleiro que se imprime na argila do vaso". Com suas palavras, o narrador tecia e distribuía, artesanalmente, a matéria-prima da experiência de vida – sua e daqueles que o antecederam – incorporada em um produto sólido e único: suas histórias. Mais do que um sábio, o narrador era um educador.

Se aqui evocamos os escritos de Benjamin é porque acreditamos que um processo análogo parece ocorrer com os profes-

Por uma pedagogia da dignidade

sores. O trabalho docente, de formação de um sujeito, poderia ser comparado a uma arte. Seu produto – o aluno formado – é sempre único e singular, ao contrário da lógica da produção industrial cujos processos padronizados são marcados pela homogeneização. Em uma obra artesanal o trabalhador revela a singularidade de seu ser por meio de suas escolhas e práticas. Aquilo que é produzido revela *quem* o produziu de uma forma que o trabalho industrial e em série é incapaz de fazê-lo (o hambúrguer do McDonald's e o automóvel da VW não revelam o cozinheiro e o metalúrgico que os produziram...).

A recente adoção pelas redes públicas de sistemas apostilados, comprados de empresas privadas ou desenvolvidos por especialistas das secretarias, explicita a substituição da educação como formação pela instrução em série, na qual o professor é concebido como um operário industrial do ensino. Ao alienar o professor de sua responsabilidade pelas escolhas curriculares e pedagógicas, dá-se um passo decisivo nesse processo. Um professor politicamente alijado das escolhas pedagógicas tende a se desonerar do êxito de sua tarefa social. Foi o que se sucedeu com a progressão continuada no estado de São Paulo. Parece que assistimos, atônitos e perplexos, a mais uma medida que retira do professor o sentido público de seu trabalho: a formação de cidadãos responsáveis por suas escolhas. Princípios éticos como responsabilidade e autonomia não são aprendidos como fruto de uma exposição verbal de preceitos. Eles resultam, antes, da convivência com aqueles que os cultivam em suas práticas. Somente um professor cuja prática revele autonomia e responsabilidade será capaz de cultivar essas virtudes em seus alunos.

REFERÊNCIA BIBLIOGRÁFICA
Benjamin, 2012.

SOBRE NOTAS E CONCEITOS

Uma retórica sedutora, mas um procedimento pouco confiável

A Secretaria Municipal de Educação de São Paulo lançou, no segundo semestre de 2013, uma complexa proposta de reestruturação curricular e administrativa para as escolas da rede. Ela contém inúmeros pontos polêmicos, entre eles a adoção de notas de zero a dez para substituir os conceitos até então vigentes. A razão alegada para a retomada desse procedimento funda-se na suposta clareza que dariam à avaliação da aprendizagem, permitindo a pais e alunos um quadro mais preciso de seu desenvolvimento. Contudo, quais razões teríamos para crer que uma nota seria mais precisa do que um conceito?

Ora, a crença central subjacente à atribuição de notas é a de que poderíamos traduzir um fenômeno – neste caso, o rendimento da aprendizagem – em uma grandeza numérica, de forma a objetivá-la. Assim se passa, por exemplo, em relação à sensação térmica. A sensação de calor ou frio é fundamentalmente um dado subjetivo: expressa a relação que um sujeito estabelece com a temperatura do ambiente (daí por que o que é considerado um dia frio para um cearense pode ser um dia morno ou mesmo quente para um habitante do Alasca!). Ao traduzir a temperatura em uma grandeza numérica – 21 graus, por exem-

Por uma pedagogia da dignidade

plo –, criamos uma escala cuja validade e aceitação são menos dependentes da experiência local e das afecções pessoais.

Criamos também, é verdade, um instrumento – simultaneamente material (o termômetro) e simbólico (a própria escala) – capaz de nos oferecer informações confiáveis para fazer comparações (está mais frio do que ontem), tomar decisões (que roupas utilizar) etc. Claro que poderíamos comparar e decidir sem ter a precisão matemática que um termômetro nos oferece, recorrendo simplesmente à experiência, à estimativa e ao discernimento. Porém, acreditamos que a confiabilidade no instrumento nos auxilia a ter uma informação mais precisa e até mesmo dirimir contendas (basta recorrer ao registro das temperaturas para saber se o verão deste ano foi, de fato, mais quente do que o anterior). Seria esse o caso no campo da aprendizagem?

É possível, mas antes teríamos de nos certificar de alguns aspectos fundamentais: a clareza do que exatamente queremos medir e a confiabilidade dos instrumentos dos quais nos servimos (um termômetro quebrado ou mal-feito, por exemplo, não nos informa de forma confiável a temperatura do ambiente ou de uma pessoa!). É comum que uma prova seja capaz de mostrar com precisão se um aluno memorizou ou não uma informação, como a capital de Alagoas. E se tudo que medíssemos nas avaliações escolares fosse a posse de informações, a questão seria relativamente simples. Entretanto, a educação escolar pressupõe que mais importante do que a posse de informações é a capacidade de com elas operar, é o desenvolvimento da capacidade de aplicação do que foi aprendido em novas situações. Mais do que a memorização de procedimentos de identificação de sílabas e formação de palavras, interessa ao professor desenvolver em seus alunos a capacidade de leitura, intelecção e interpretação de textos.

Um professor experiente e atento é capaz de estimar progressos e dificuldades em seus alunos, mas dificilmente seria capaz de desenvolver instrumentos confiáveis para medir – ou seja, transformar em uma grandeza numérica precisa – o percurso de sua aprendizagem, tal como somos capazes de estimar a velocidade de um carro para atravessar uma rua, sem precisar medi-la com um radar...

Supor que a substituição de um conceito estimado por uma nota aparentemente precisa (mas atribuída sem que se saiba a clareza do que se pretendeu medir, a confiabilidade do instrumento e a precisão da leitura) signifique um compromisso com o acompanhamento dos progressos e das dificuldades na aprendizagem é deixar-se embair por uma retórica sedutora, porém infundada. Melhor faríamos se, em vez de oferecer ao professor a restauração de um procedimento técnico de obscura confiabilidade, nos empenhássemos por neles desenvolver um compromisso político e educacional com o acompanhamento da aprendizagem de seus alunos. O problema não é o instrumento, e sim a atitude. Não são as coisas, mas as pessoas que produzem o êxito do processo educativo.

REFERÊNCIA BIBLIOGRÁFICA
Azanha, 2006.

OS CEFAM E A FORMAÇÃO VIRTUAL

Um experimento memorável em formação de professores

Em 1988, a Secretaria de Educação do Estado de São Paulo criou os Centros Específicos de Formação e Aperfeiçoamento do Magistério (Cefam), até hoje tidos como uma das mais interessantes experiências em formação de professores neste país. Um dos argumentos recorrentes para seu fechamento era aparentemente inatacável: a formação de professores deveria ser feita no ensino superior. Em abstrato, o argumento parece razoável. Não obstante, ao analisar os fatos concretos, custa-me crer que os professores que temos formado nas universidades (privadas e mesmo algumas públicas) sejam mais bem preparados para o exercício do magistério do que as gerações de professores formados nos Cefam.

Embora ainda não tenhamos dados empíricos amplos e confiáveis a esse respeito, não se trata de uma opinião isolada. A experiência dos Cefam tem sido objeto de estudos acadêmicos e há relativo consenso acerca da excelência de suas práticas e de seu profundo valor formativo para os jovens que os frequentaram, a despeito – claro – de incgáveis problemas pontuais. Vale a pena voltarmos nossas atenções para algumas de suas características e propostas. Não por nostalgia de tempos passados, mas a fim de vislumbrar as razões que o tornaram uma experiência singular. Comecemos pelo recrutamento dos professores.

Não bastava ser licenciado ou concursado para integrar o corpo docente de um Cefam. Era preciso apresentar uma proposta de trabalho a ser analisada à luz do projeto pedagógico de cada unidade, as quais contavam com ampla autonomia para estabelecer critérios de recrutamento. O resultado costumava ser uma equipe bastante afinada. Os contratos de trabalho previam a permanência do professor na escola para além das horas-aula, pois havia as horas de trabalho pedagógico (então chamadas de "htp") em que se atendiam alunos e planejavam atividades conjuntas, como estágios, estudos de meio e visitas a museus e outros espaços públicos.

Esse era um dos "segredos" do êxito: a estrutura curricular. Os alunos lá permaneciam em período integral. Uma parte do tempo era dedicada a uma formação geral, de cunho humanista e bastante variada; outra, às práticas e aos saberes específicos da docência. Havia, ainda, uma vez por semana, o estágio previsto na grade horária e as recorrentes atividades extracurriculares que os integravam à cidade e ao espaço público. Essa convivência intensa criava fortes laços afetivos que, por sua vez, resultavam na formação de grupos de estudos, de afinidades políticas ou artísticas. Para viabilizar essa dedicação intensiva à formação, os alunos tinham direito a uma bolsa de estudos no valor de um salário-mínimo. Essa medida abriu os Cefam a uma série de jovens que, sem essa condição, jamais poderiam ter se dedicado integralmente aos seus estudos. E os transformou em um espaço de convivência plural em termos sociais e econômicos.

Ainda hoje, na universidade, em eventos, cursos e palestras para professores da rede pública, encontro-me com egressos do Cefam. São professores do ensino fundamental, pesquisadores de universidades, líderes de movimentos sociais. Em geral, pessoas que têm orgulho dessa experiência. Em tempos marcados pela apologia à formação virtual de professores e pela redução do ensino escolar aos ideais de desenvolvimento de "competências e habilidades", não custa relembrar o que pode soar como um velho truísmo. Formar um professor é mais do que disseminar competências técnicas e habilidades profissionais: é criar a possibilidade de uma experiência formativa em termos culturais, políticos e afetivos. E é dessa experiência que exaurimos o alimento para continuar lutando para formar as novas gerações.

NA TERRA COMO NO CÉU

Por que o princípio da laicidade não finca raízes na escola brasileira?

Não fosse o vídeo postado na internet, a contenda provavelmente jamais ultrapassaria as fronteiras da cidade onde ocorreu, na zona da mata de Minas Gerais. Porém, sua difusão na rede repercutiu na imprensa e o tema do conflito entre o princípio da laicidade e a presença de práticas religiosas nas escolas públicas voltou à tona. De um lado, havia um jovem aluno ateu que se viu constrangido a conviver com orações cotidianas em um espaço público que, em princípio, deveria se manter equidistante de todas as crenças. De outro, uma professora que acredita que sem a fé em Deus um jovem "jamais poderá vir a ser alguém". A escola procurou harmonizar o inconciliável, como se tudo não passasse de um desentendimento passageiro.

O problema, de tão recorrente, tem sido tratado como um velho conhecido para o qual já não mais fazemos perguntas por acreditarmos saber todas as respostas. Todavia, às vezes convém se espantar com o óbvio: por que décadas após a afirmação legal do caráter laico da escola pública ela continua a insistir em práticas religiosas? Claro que poderíamos evocar a resposta universal – e sempre correta em sua generalidade abstrata – que

Por uma pedagogia da dignidade

atribui a causa do problema à má formação dos professores. Assim, nos livraríamos de uma dificuldade, mas ao preço de renunciar à busca pela compreensão do problema. Convém insistir: por que o princípio da laicidade não finca raízes nas instituições escolares brasileiras?

É verdade que nossa cultura é marcada pela religiosidade. Todavia, esse é um traço comum a outros países, como a Argentina ou a Itália. E em muitos deles, embora possa haver episódios de conflitos análogos, a legitimidade da separação entre formação escolar pública e vida religiosa é reconhecida e cristalizada. No caso brasileiro, contudo, há bem mais que uma zona cinzenta entre esses limites. É como se para uma ampla gama de professores fosse virtualmente impossível pensar em formar os jovens sem recorrer ao apoio de uma ordem transcendente, a qual quase sempre se manifesta em orações coletivas, leituras e pregações morais de natureza religiosa.

Ao ouvir alguns desses professores, fica patente que seu desejo não é necessariamente o de converter seus alunos a tal ou qual credo religioso. Eles querem tão somente formá-los com base em princípios éticos que ultrapassem o "vale-tudo" de uma sociedade obcecada pelo consumo. Querem, muitas vezes, simplesmente formá-los com base em valores morais que impliquem a transmissão de uma responsabilidade pelos destinos dos outros e do mundo em que se vive. Ocorre, contudo, que em suas vivências as únicas experiências tangíveis de transcendência do individualismo são aquelas ligadas à religiosidade, como se somente nesse âmbito fosse possível encontrar um sentido para a afirmação da dignidade do outro e para a luta por justiça.

137

Sem poder recorrer a experiências da vida pública nas quais identifiquem a presença significativa desses princípios éticos, resta aos professores transpor para a vida escolar aquilo que, por princípio, deveria ficar do lado de fora de seus muros: a moral religiosa. Assim, enquanto formos incapazes de vislumbrar em nossa história e em nossas lutas cotidianas um conjunto de princípios capazes de imprimir um sentido ético-político para a formação educacional, a laicidade da escola pública corre o risco de continuar sendo apenas uma figura constitucional que evocamos para a resolução judicial de um conflito.

DIREITOS HUMANOS

A justiça e a igualdade como critérios

O Programa Nacional de Direitos Humanos, criado pelo Decreto 7.037 de 21 de dezembro de 2009, causou indignação em setores conservadores da igreja, das forças armadas e dos grandes produtores rurais. Apoiados pela maior parte da mídia impressa e televisiva, transformaram o que poderia ser um rico debate de ideias programáticas em uma manifestação de histeria política. É uma pena. Em seus seis eixos orientadores e suas 25 diretrizes, o documento aborda temas de alta relevância pública, seja qual for a orientação política que a eles se queira imprimir. A educação e a cultura são o objeto do quinto eixo, cujas diretrizes nem sequer foram mencionadas nesse simulacro de polêmica ao qual fomos submetidos.

No entanto, debater o sentido e a pertinência de uma educação comprometida com a cultura dos direitos humanos significa pôr em questão princípios éticos em torno dos quais políticas públicas importantes, como as relativas à elaboração de material didático e à formação de professores, têm sido criadas e implantadas. A tarefa torna-se ainda mais urgente devido à polissemia inerente à expressão "direitos humanos", cujo sentido e abrangência têm sido objeto de disputas teóricas e práticas (é em nome dos direitos humanos, por exemplo, que uma potência militar imperialista como os Estados Unidos invade um país, mas é também em nome dos direitos humanos que se luta para impor limites ao caráter arbitrário e desmedido de seu exercício de poder!). Essa variedade de possíveis usos da expressão, por sua vez, reflete a diversidade de lutas que se têm travado em seu nome: da liberdade de confissão religiosa ao respeito à diversidade de orientações sexuais, do direito de acesso à terra ao direito à memória e à verdade.

Do ponto de vista teórico, a unificação dessa ampla variedade de lutas e reivindicações em um fundamento último ou em um conceito inclusivo sempre me pareceu uma temeridade. Do ponto de vista prático e político, no entanto, sempre me bastou a ideia de que a educação em direitos humanos era uma forma de luta por uma experiência escolar que cultivasse a igualdade e a justiça como os grandes princípios norteadores da vida pública. A questão, pois, que um programa de educação em direitos humanos nos coloca – se ele quiser ultrapassar a trivialidade da difusão de informações – é: como organizar uma escola na qual a justiça e a igualdade, mais do que recursos retóricos de preleções morais, possam ser critérios de organização de experiências cotidianas?

Pensar a justiça – ou a igualdade – como parâmetros articuladores da experiência escolar implica colocar questões acerca de práticas há muito cristalizadas. O que é uma avaliação justa? A que considera ou a que desconsidera diferenças individuais e condicionantes socioculturais dos alunos? Como se produz uma regra para que ela seja concebida como justa pelos diferentes segmentos de uma escola? Como ser justo e respeitoso com

Por uma pedagogia da dignidade

aquele cujas práticas sexuais contrariam minhas convicções religiosas? Como exigir de todos os segmentos da escola esse mesmo respeito? Como pode uma experiência trivial e cotidiana – como ir ao banheiro da escola – ser uma oportunidade de mostrar ao aluno que ele é tratado como um sujeito de direitos?

Talvez jamais tenhamos respostas satisfatórias para muitas dessas questões. Pouco importa. Um princípio ético-político, como a justiça ou a igualdade, não é um local ao qual se chega; é apenas um critério para a escolha de por onde caminhar. Ele não nos exime da tarefa de julgar e decidir, nem nos impede de errar. É só um critério, mas sem ele fica bem mais difícil caminhar.

REFERÊNCIA BIBLIOGRÁFICA
Brasil, 2009.

A ECLOSÃO DO IMPROVÁVEL

A *singularidade de uma experiência em educação*

Boa Vista do Tupim é um pequeno município da Bahia, localizado na região da Chapada da Diamantina. Mais da metade de sua população vive abaixo da linha da pobreza e, entre esses, mais de 30% vivem abaixo da linha da indigência. Das 54 escolas que integram sua rede pública, 87% estão localizadas na zona rural e se espalham por uma vasta região, cuja distância em relação ao centro do município pode variar de 11 a 72 km. Não há sequer uma banca de revistas nele e parte considerável de sua população adulta é analfabeta. Em 2000, apenas 13% dos alunos que terminavam a primeira série eram alfabetizados. Ao final de 2012, todos os alunos da primeira série das escolas de Boa Vista tinham aprendido a ler e escrever!

Sueide é professora em uma dessas escolas rurais. Formada no magistério, só em 2006 fez o curso normal superior a distância. Ela confessa que a docência não era um sonho. Filha mais velha de uma família simples e numerosa, ser professora era simplesmente uma chance de profissionalização ao seu alcance. Tendo passado por uma experiência similar à de seus alunos, acredita que a escola possa ter para eles o mesmo papel emancipador que teve em sua vida. Sueide tem na iniciação de seus alu-

Por uma pedagogia da dignidade

nos na cultura letrada um compromisso profissional e existencial. Periodicamente, eles enfeitam um carrinho de mão (forrado com papel crepom) e o preenchem de livros de literatura infantil, todos previamente selecionados. Em seguida, saem pelo povoado de Zuca a ler histórias para suas mães e avós que jamais tiveram a oportunidade de ter em suas mãos um livro. Aquelas crianças formam a primeira geração alfabetizada do lugarejo. E compartilham esse saber com seus antepassados, privados desse privilégio que para eles se materializou como um direito.

Ao depararmos com a experiência dessa pequena cidade – seja com base em resultados globais da rede, seja com base em histórias como a de Sueide –, surgem as inevitáveis perguntas: como foi possível? A que atribuir um êxito tão significativo em meio a condições tão adversas? Saímos a buscar, em desespero, um elemento redentor na expectativa de sua possível generalização. E muitos poderiam ressaltar, não sem razão, o fato de que Boa Vista do Tupim, a exemplo de outros municípios da região, tem se beneficiado de um sólido e persistente trabalho de formação de professores em serviço. Mas a verdade é que em tantos outros municípios, inclusive da própria região, os resultados de iniciativas como essa são menos auspiciosos, ainda que respeitáveis.

Há ainda os que atribuiriam a transformação ao patrimônio disposicional de indivíduos como Sueide, cujos compromisso institucional e dedicação profissional se transformam em elementos de superação de adversidades e obstáculos. E, de fato, sem esse admirável empenho por parte daqueles que se ocupam diretamente da educação dos jovens e crianças, não há política pública ou programa de formação de professores capaz de operar uma transformação dessa magnitude. Porém, como explicar o caráter tão generalizado que fez da universalização do letramento uma conquista não dos alunos de Sueide, mas de todos os professores e crianças de Boa Vista do Tupim?

Claro, podemos elencar uma multiplicidade de fatores intervenientes e atribuir o êxito da cidade em alfabetizar seus alunos à combinação simultânea de sua presença, o que é bastante razoável e provavelmente verdadeiro. Entretanto, a experiência de Boa Vista, como toda experiência significativa, é singular, contingente, contextualizada. Inútil tratá-la como se fosse um experimento científico capaz de, se replicado, reproduzir sempre os mesmos efeitos. Na verdade, sua grande lição é exatamente o oposto. O que ela nos revela é a capacidade humana de romper com a reprodução automática do passado, de criar o novo onde nada de novo se esperava. É como se Sueide, seus alunos e colegas encarnassem, em seus atos e palavras, a máxima de Arendt a nos lembrar que "os homens, embora tenham de morrer, não nascem para morrer, mas para iniciar algo novo". E que, a partir do momento em que o novo se reproduz, replica e generaliza, ele perde a qualidade de novo, de criação única capaz de fazer face a desafios que são, também eles, únicos.

REFERÊNCIAS BIBLIOGRÁFICAS
Arendt, 2010; Zen, 2014.

DA QUALIDADE DA EDUCAÇÃO

O reducionismo que a identifica como um simples valor de troca

Em um campo tão cheio de dúvidas e dilemas como a educação, chega a causar perplexidade a existência de certezas que de tão solidamente compartilhadas jamais compareçem ao "Tribunal da Razão", para recorrer a uma imagem cara aos iluministas. Esse é o caso da arraigada convicção de que a escola pública não tem – e parece pouco provável que um dia venha a ter – "qualidade". Trata-se de uma "verdade" tão evidente que parece insensato e desnecessário colocá-la em juízo. Porém, sejamos insensatos e reflitamos a seu respeito.

Como podemos saber se uma escola tem "qualidade"? Seria a "qualidade da educação" uma propriedade primária, como a cor de um objeto, cuja identificação é imediata? Bastaria olhar para a escola para nela enxergar sua "qualidade"? Seriam, nesse sentido, equipamentos como computadores e laboratórios índices inequívocos de qualidade? Ora, qualquer aluno que tenha passado pela simples experiência de ter tido aula com um bom e velho professor de literatura que interpretou de forma comovente um poema mimeografado em uma página borrada sabe quão pouco decisiva é a técnica de reprodução para a excelência da aula. Deixemos de lado, pois, o fetiche do objeto como indicador de qualidade em uma atividade que é fundamentalmente a troca de experiências humanas.

Seria, então, a qualidade uma propriedade secundária que, embora não diretamente observável, poderia ser identificada por testes indiretos, a exemplo da tuberculose, cuja ocorrência é atestada pela presença do bacilo de Koch? Se assim o for, se a qualidade de educação puder ser inequivocamente identificada pela presença de certos elementos, quais seriam eles? Qual seria o bacilo de Koch da qualidade da educação? O Enem? Os exames vestibulares mais concorridos das grandes universidades públicas?

Talvez aqui se inicie um consenso. Afinal, nossa sociedade parece crer firmemente que a educação não é um fim em si – algo cujo valor é intrínseco, como a amizade ou a ação moral –, mas um *meio* para outro *fim*: o êxito econômico do indivíduo. Somente como mecanismo de ascensão econômica ou de manutenção de privilégios a escola se justificaria como instituição social. Ora, aquilo que é apenas um *meio* – como o dinheiro – não se busca por si, e sim por algo que ele possa vir a proporcionar, por seu valor de troca. Seria esse o sentido da expressão "qualidade da educação"? Seria seu atributo facultar aos alunos a entrada em escolas superiores de elite que prometem êxito econômico e distinção social? Embora tal concepção nem sempre se explicite, tem sido a partir desses indícios que se organizam as listas das "melhores escolas" de cada cidade ou região... A qualidade da educação se resumiria, assim, ao eventual valor de troca da experiência escolar!

No entanto, se assim o for, seremos obrigados a considerar um inequívoco êxito educativo a formação de alguns jovens que, não obstante a aprovação em difíceis exames vestibulares, assistem aos trotes (ou são coniventes com eles) que resultam na humilhação ou até na morte de colegas, como aconteceu recentemente na Universidade de São Paulo... Ou ainda louvar, do ponto de vista ético e político, aqueles que optam por uma carreira profissional extremamente bem remunerada, sem jamais considerar a relevância pública de sua opção...

Ora, o fato é que a certeza da inexistência de qualidade na educação pública resulta, em alguma medida, da identificação imediata da "qualidade da educação" com sua suposta capacidade de conferir distinção social e econômica a alguns poucos. O problema é que, se a qualidade da educação se identifica com a formação – ou perpetuação – de uma elite, sua expansão torna-se uma meta inatingível. No estado de São Paulo, por exemplo, há mais de 1,5 milhão de jovens no ensino médio e menos de três mil vagas nos cursos superiores mais disputados das universidades públicas. Se nossas escolas públicas tiverem um surto repentino de excelência, ainda teremos 1.497.000 jovens fora dessas escolas que formam a elite do ensino superior. E a qualidade estará sempre num lugar além. Pairando independentemente de nossas escolhas, de nossos esforços formativos, de nossas crenças e mesmo de nossas aulas. Ela estará no "mercado de trabalho", em seus ardis, em sua volatilidade voluntariosa. Terá passado das mãos humanas dos educadores para a mão invisível do mercado.

REFERÊNCIA BIBLIOGRÁFICA
Carvalho, 2013.

POR UMA PEDAGOGIA DA DIGNIDADE

Um antídoto às pedagogias das competências

Importada das áreas de recursos humanos e da administração de empresas, a noção de "competência" tornou-se um elemento recorrente, quase sacralizado, nos discursos educacionais das duas últimas décadas. Sua presença tem sido marcante nos sistemas de avaliação do rendimento escolar, nos livros didáticos e planos escolares. Perplexos – ou indiferentes –, os professores são informados por especialistas que a aula baseada na transmissão de informações e no ensino de conceitos pertence ao passado, a uma era anterior à dita "sociedade do conhecimento". A acessibilidade à informação pelos meios eletrônicos teria tornado supérflua sua memorização, deslocando a tarefa pedagógica para a solução de problemas. Enfim, embora nós, professores, não saibamos exatamente o que seria uma aprendizagem por competências, todos sabemos que agora é a ela que devemos nos dedicar, se não quisermos parecer irremediavelmente ultrapassados.

A nova panaceia pedagógica, contudo, não apresenta nenhuma grande teoria do conhecimento ou pesquisa empírica significativa que a sustente. Na ausência de sólidas bases teórico-conceituais, ela se difunde nos meios educacionais por meio de palavras de ordem e slogans. Assim, sempre há alguém a nos

Por uma pedagogia da dignidade

recordar de que o importante é desenvolver a capacidade de "mobilizar conhecimentos" ou de "apresentar soluções" e não mais transmitir conhecimentos "prontos e acabados". Mas o que a adoção de um termo como "competência" revela acerca do sentido que esse novo jargão pedagógico pretende atribuir à experiência escolar e à ação educativa?

Pensemos, pois, sobre o que significa, no uso cotidiano de nossa língua, dizer que alguém tem determinada competência ou que se tornou competente em uma capacidade prática ou área do conhecimento. O que queremos dizer, por exemplo, ao afirmar que alguém é um "competente" lógico ou um "competente" orador? Com essa expressão, afirmamos simplesmente que seu desempenho em uma capacidade – como detectar falácias ou persuadir aqueles que lhe escutam – é reconhecido como eficaz ou mesmo notável. Assim, podemos falar, por exemplo, que o filósofo britânico Bertrand Russel era um "competente" lógico. E também podemos afirmar, sem hesitar, que Hitler era um "competente" orador!

Ora, como sabemos desde Platão, a noção de "capacidade" (e seus correlatos, como "competência") sempre comporta a possibilidade de resultados opostos do ponto de vista ético. Um competente farmacêutico demonstra sua perícia ao fazer tanto remédios como venenos. Um competente lógico pode tanto desvelar uma falácia como habilmente escondê-la. Ambos podem usar sua "competência" tanto para o "bem" como para o "mal". Isso porque competências, capacidades e habilidades são eticamente neutras. Podemos dizer que alguém aprendeu a ser um competente orador, mas usou sua competência para o mal. Contudo, não faz sentido nenhum dizer que João aprendeu a

149

ser um homem justo, porém é justo para o mal. O adjetivo "justo" não descreve simplesmente a eficácia de um ato. Ele carrega uma orientação ética à qual atribuímos valor positivo. Já no caso do termo "competência", se há algum valor a ele associado, esse é o da eficácia. E nada mais.

Eis, pois, o que a adesão generalizada ao ideal de uma pedagogia das competências pode nos revelar: que até mesmo no campo da formação educacional aceitamos viver em uma sociedade na qual a eficácia dos meios parece ser mais relevante do que dignidade dos fins. Ora, a escolha feita com base na seleção dos meios mais eficazes é própria da lógica de um âmbito da existência humana: o da fabricação e produção de objetos de uso e consumo. É legítimo – e mesmo inteligente – procurar os meios mais eficazes, mais rápidos, mais fáceis, mais econômicos para, por exemplo, construir uma casa ou fabricar um automóvel. As escolhas se fazem, então, fundamentalmente considerando-se critérios técnicos relativos à eficácia dos meios. Por isso, nesse âmbito esperamos decisões tecnicamente "competentes". Todavia, faz sentido, quando se trata de formar *alguém* – que não é o mesmo que fabricar *algo* –, recorrer simplesmente a critérios como eficácia, simplicidade ou rapidez? Seria o caso de, por exemplo, sempre optar pelo caminho "mais fácil e eficaz" ao se educar alguém? Ou haveria ocasiões em que a decisão mais justa, nobre ou digna – e muitas vezes a mais difícil – pode ser considerada a mais "educativa"? Não seria uma pedagogia fundada no ideal da dignidade um bom antídoto ao discurso de uma pedagogia das competências?

TIRO PELA CULATRA?

Os limites de se tomar o proclamado pelo real

No final da década de 1970, havia uma crescente pressão pelo acesso das camadas médias da população ao ensino superior. Operada uma década antes, a expansão do atendimento nos níveis elementares da educação se fazia sentir na outra ponta do sistema educacional. Cada vez mais jovens reivindicavam uma vaga no ensino superior. O exame vestibular, mesmo nas instituições privadas de ensino, era um mecanismo rigoroso de seletividade e fonte de angústia individual e tensão social. O regime militar tinha um plano de desenvolvimento tecnológico e de expansão econômica que dependia da formação de mão de obra especializada, mas não se dispunha a investir na educação pública superior (até porque alguns dos mais combativos movimentos de contestação à ditadura tinham suas origens nas universidades!).

A ideia parecia, pois, um golpe de mestre: a expansão de cursos técnicos de nível médio seria capaz de preparar uma mão de obra semiespecializada, sem os pesados custos financeiros e os riscos políticos de uma expansão do ensino superior público. Os jovens formados nas escolas técnicas poderiam entrar mais cedo no mercado de trabalho sem a necessidade de um curso superior, diminuindo a demanda por vagas nas universidades; assim previam os técnicos do MEC. Expandiram-se, então, as vagas dos cursos técnicos existentes e abriram-se novas escolas e novas carreiras: eletrotécnica, edificações, administração, secretariado, turismo...

O plano de uma formação técnica ganhou tal popularidade entre os jovens que terminavam a oitava série do ensino fundamental que os exames de admissão nas escolas púbicas – federais e estaduais – que a ofereciam tornaram-se tão concorridos como alguns exames vestibulares de instituições superiores renomadas. Em São Paulo, os exames do Colégio Comercial Camargo Aranha, por exemplo, eram realizados no Ginásio do Ibirapuera. Criaram-se cursos preparatórios especializados nessas modalidades de provas. O resultado foi que, rapidamente, essas instituições se transformaram em uma espécie de elite das escolas públicas. Não necessariamente uma elite econômica, mas escolar. Seus alunos provinham dos mais diversos segmentos da população e frequentemente se mostravam interessados não só nas atividades escolares em sentido estrito, mas por toda gama de experiências que esse tipo de convivência pode propiciar. Criou-se nelas um ambiente de efervescência cultural que levou estudantes a um clima de forte engajamento político e social, algo que, evidentemente, seus idealizadores e gestores jamais poderiam ter imaginado.

Na Escola Técnica Federal, por exemplo, foi montado um grupo de teatro que encenava peças latino-americanas nas quais as atrocidades dos regimes ditatoriais eram apresentadas ou, ao menos, sugeridas. Do Camargo Aranha saiu uma vigorosa passeata para o culto ecumênico celebrado por ocasião do

Por uma pedagogia da dignidade

assassinato do jornalista Wladmir Herzog, ocorrido nas dependências do DOI-CODI (o braço mais duro da repressão política que funcionava nas dependências do II Exército em São Paulo). Muitos desses jovens politizados se formavam em áreas técnicas, mas prosseguiam seus estudos em filosofia, ciências sociais, comunicações, letras. Do ponto de vista dos elaboradores da política pública, era um fracasso econômico; do ponto de vista dos alunos que lá se formavam, era uma oportunidade ímpar de emancipação em relação às condições culturais e econômicas das quais advinham.

Passados mais de 30 anos dessa experiência, da qual participei como aluno, creio que é chegada a hora de investigar seus frutos e pensar seu significado para além da perspectiva economicista que a motivou e para além da rejeição sumária que a identifica como um mero rebento da ditadura. Não se pode confundir os resultados de uma política pública com os objetivos de seus formuladores. Em qualquer iniciativa política, há sempre uma dimensão que é da ordem do incontrolável e do imponderável, por isso seus resultados podem ser muito diferentes ou mesmo opostos aos esperados. Daí a pobreza dos estudos em educação que tomam o proclamado pelo real, que substituem a investigação empírica pelas certezas dos discursos sedimentados. Ao reforçar o que acreditamos saber, eles acabam por nos impedir de conhecer o vivido, de iluminar o passado e a ele atribuir um significado.

TRADIÇÃO E PROGRESSO

O passado ainda tem algo a oferecer ao presente?

As primeiras décadas do século XX têm sido descritas por historiadores da educação como um período marcado pelo otimismo pedagógico. Um otimismo que dizia respeito tanto ao papel da escola na modernização das sociedades quanto à modernização das próprias práticas pedagógicas. Dois processos que, mais do que solidários, eram vistos como inseparáveis. A expansão do atendimento escolar deveria caminhar *pari passu* com a renovação de suas práticas, com uma nova visão acerca das relações entre professores e alunos, entre jovens e conhecimento. Por outro lado, caberia à escola, pedagogicamente renovada, firmar as bases de uma sociedade livre dos traços arcaicos e autoritários que marcaram as formas de organização social e política precedentes. Trata-se, aliás, de uma narrativa que, mesmo destituída de sua força inicial, perdura em nossas representações sobre o significado social da educação.

    Esse ideal de renovação e modernização pedagógica que marcou o início do século XX acabou por inspirar uma enorme diversidade de perspectivas, tendências e teorias educacionais. Embora muitas vezes agrupadas em torno do mesmo rótulo, a *Escola Nova*, essas correntes pedagógicas pouco ou nada

Por uma pedagogia da dignidade

tinham em comum. Talvez seu mais forte laço identitário não tenha sido nenhum princípio educacional compartilhado, mas o oponente imaginário contra o qual lutavam: a "escola tradicional". Quase todas essas correntes lançaram mão de descrições escolares caricaturais nas quais professores, práticas e métodos tidos por indesejáveis eram adjetivados como "tradicionais" e, portanto, obsoletos. Criou-se, assim, uma imagem do "professor tradicional" identificado como autoritário, centralizador e insensível ao processo de amadurecimento da criança. Em suma, a escola e o professor tradicionais passam a ser a encarnação do arcaico que deveria ser combatido com um fervor semirreligioso.

Embora tais imagens jamais tenham passado de caricaturas grosseiras das práticas escolares, sua difusão generalizada acabou por criar um consenso em torno da indesejabilidade de tudo que pudesse ser identificado como "tradição" no campo da educação. A seu favor, contou o fato de que sempre foi possível achar exemplos frisantes de professores e práticas pedagógicas que viessem a dar substância empírica a essas imagens caricaturais de uma suposta escola tradicional. Aliás, no acervo de recursos pedagógicos, jamais faltaram práticas cuja mera evocação já seria capaz de provocar repulsa em qualquer pessoa que tenha apreço pela educação e respeito pelas crianças. Todavia, isso vale inclusive para as autoproclamadas escolas renovadas, construtivistas, alternativas e progressistas (pois, infelizmente, o despautério pedagógico não é privilégio de qualquer tendência em particular!). Houve, no entanto, um efeito deletério dessa difusão de imagens e slogans que identificavam o termo "tradição" como aquilo que é obscuro, obsoleto e que deve ser banido. E ele não é de natureza metodológica nem pedagógica, mas diz respeito à relação que uma sociedade estabelece com o seu passado.

Ora, o termo tradição não diz respeito ao arcaico ou ao obsoleto; nem sequer ao passado, mas sim a uma forma de relação que um povo estabelece com as narrativas de seus antecessores. Ele se origina do latim "traditio", cujos significados poderiam ser agrupados em três grandes blocos. Por um lado, diz respeito a um acervo de lições do passado que tem a faculdade de iluminar as incertezas e os dilemas do presente, disso origina a ideia romana de que a história seria a "mestra da vida". Por outro, ele se refere à grandeza do exemplo dos ancestrais; daí o motivo de uma pedagogia fundada na tradição, como a cristã, recorrer tão frequentemente à narrativa de episódios e vidas memoráveis como fontes de padrões e critérios morais. A tradição não implica, pois, o desejo de voltar ao passado, mas uma forma de relação na qual este tem autoridade sobre o presente. Implica que é no passado que encontramos os exemplos capazes de nos orientar nos dilemas do presente. Por último, "traditio" é para os romanos a própria "transmissão" desse legado por meio do qual um evento ou personagem do passado se faz presente. Assim, a tradição nos vincula à história e à cultura de um mundo ou povo ao qual viemos a pertencer pelo acidente de nosso nascimento. A "traditio" era parte tão fundamental do ideal educacional romano que Políbio afirmava que o objetivo da educação não era outro senão o de tornar os jovens dignos de seus maiores antepassados.

Sim, os tempos mudaram. Desde a era moderna, o futuro – e não o passado – veio a ser a referência autorizada a guiar o pre-

Por uma pedagogia da dignidade

sente. Desde então passamos a pensar a educação não como um processo de familiarização com a grandeza do passado, mas com a fabricação de um futuro. Ainda assim, a despeito da fé moderna no progresso, creio que não seja insensato imaginar que o passado tenha algo de precioso a oferecer ao presente. Que haja vidas, feitos e palavras memoráveis que valham a pena ser ensinados aos mais jovens. Que caiba aos educadores transmitir um legado simbólico que nos una a um passado comum. Que apesar de nossa firme – embora talvez insensata – crença no progresso, a tradição possa ter algum lugar na educação. Não nos métodos, e sim no sentido de nossa relação com o passado.

REFERÊNCIA BIBLIOGRÁFICA
D'Allonnes, 2008.

DA EDUCAÇÃO ESCOLAR

As marcas distintivas da experiência escolar

Já vi lojas que dizem vender brinquedos "educativos" e visitei museus com serviços "educativos". Já li sobre projetos que falam de uma "cidade educadora" e assisti a programas de televisão que se autointitulam "educativos". A diversidade de usos igualmente legítimos de termos como "educação" e "educativo" parece desaconselhar qualquer tentativa de extrair deles um traço comum ou um significado essencial e imutável. Por vezes, uma prática pode ser qualificada de "educativa", a despeito de se restringir ao treinamento para um aspecto muito determinado de nossa existência social, como na expressão "educação para consumo". Há ocasiões, no entanto, em que o termo "educação" remete a um amplo esforço social de iniciação em um modo de vida, integrando costumes, valores, conhecimentos, ritos e crenças, como na expressão "cidade educadora". O adjetivo "educativo" pode ainda se referir ao potencial formativo de uma experiência estética ou a supostas – e, para mim, enigmáticas! – propriedades de um objeto, como um trenzinho de madeira colorido.

    A amplitude semântica dos termos vinculados à noção de "educação" – como o adjetivo "educativo" – pode ser interpretada como um signo de reconhecimento de sua importância so-

Por uma pedagogia da dignidade

cial: qualificar algo como "educativo" implica atribuir-lhe um valor positivo. Por outro lado, a plasticidade em seu uso cotidiano contribui para obscurecer a especificidade de certas instituições e práticas educativas. Assim, acabamos por fundir em uma totalidade indistinta, um conjunto de princípios que são, por sua natureza, diversos ou mesmo antagônicos. Se a escola, a família, a mídia, a igreja, o clube, o museu educam, nem todos o fazem com os mesmos objetivos; nem todos recorrem aos mesmos procedimentos; nem todos derivam sua legitimidade dos mesmos princípios.

Enquanto a igreja fala exclusivamente a seus fiéis a fim de corroborar e expandir suas crenças, a escola se dirige a todos com o compromisso de garantir a liberdade da escolha individual no campo da fé. Enquanto a primeira se funda no caráter transcendente e revelado da verdade de seus ensinamentos, a segunda deve se fundamentar nos procedimentos críticos da argumentação, da avaliação crítica e da verificação empírica, imprimindo aos critérios de verdade a relatividade histórica do humano. Igreja e escola educam; mas não da mesma forma, nem com base nos mesmos princípios. O mesmo se passa na dicotomia escola-família. Se nesta última são os laços de sangue que determinam a identidade e o lugar de cada um (pai, irmão mais velho, caçula...), na escola a posição que cada sujeito ocupa entre seus pares é fruto de suas qualidades pessoais e das relações que estabelece com seus colegas e professores.

Se a televisão nos apresenta modos de vida, à escola cabe expô-los, estudá-los, compreendê-los, criticá-los. Isso porque na escola a educação – mesmo em seu sentido mais amplo de formação do caráter do indivíduo ou dos costumes do cidadão – se faz como fruto de um ensino deliberado e intencional. Os conteúdos desse ensino podem variar significativamente de época para época, de sociedade para sociedade. Eles podem priorizar as ciências ou as artes plásticas e a literatura, as práticas esportivas ou as necessidades econômicas. Podem ter no passado um modelo a imitar ou no futuro um ideal a se alcançar. Podem recorrer aos mais variados estilos ou métodos, porém sempre representam um esforço no sentido de racionalizar a transmissão de um legado cultural. A especificidade da forma de transmissão escolar tem, pois, no ensino e no estudo contínuo e sistemático uma de suas marcas distintivas. Embora isso seja trivial, relembrar o óbvio é uma forma de evitar que a fusão em um todo indistinto descaracterize o papel educativo da escola, que não deve ser análogo ao de um trenzinho colorido de uma loja de "brinquedos educativos".

UM CANTO SUBVERSIVO

Do caráter imprevisível das experiências escolares

Era início da década de 1970. O Brasil vivia seus anos de chumbo: perseguições políticas, sequestros, torturas, desaparecimentos, assassinatos. A doutrina de segurança nacional infligia medo e cultivava o ufanismo. Em minha escola, a professora de Educação Moral e Cívica nos informava que o Brasil era "uma democracia bipartidária", como os EUA e a Inglaterra. Ela ainda nos garantia que Garrastazu Médici era um "presidente eleito pelo Congresso" e que o Brasil era o país do futuro. Na oitava série, como quase todos meus colegas, eu desconhecia as atrocidades dos porões da ditadura e acreditava viver em uma "ilha de paz e tranquilidade", como insistia a propaganda oficial.

Contudo, houve naquele ano um festival de música (paradoxalmente organizado pela mesma professora!) em que os alunos competiam em duas modalidades distintas: composição e interpretação. Os vencedores desta última foram dois jovens, ousados política e esteticamente, que cantaram "Noite dos mascarados", de Chico Buarque. Difícil saber o que me encantou nessa canção. Teria sido a doçura da melodia? O lirismo de um amor fugaz? O encontro dos opostos? O que recordo com clareza é que, desde que a ouvi, passei a procurar quem teria esse ou outro de seus discos. Nessa busca, deparei com Márcia, uma adolescente tímida e cuja existência até então eu ignorara. Embora de família simples, Márcia tinha um notável acervo de discos de música popular brasileira. Ao saber de meu interesse por Chico Buarque, perguntou-me se eu já tinha ouvido "Construção". Dias depois ela me emprestaria esse álbum com um pedido severo de que o devolvesse em uma semana. Foi tempo suficiente para que me apaixonasse pela "Valsinha", para que sentisse o incômodo então indecifrável das metralhadoras ao fundo de "Deus lhe pague". Porém, quando meu pai me ouviu cantarolar, emocionado, o "Samba de Orly", começou a se preocupar. Perguntou-me como o tinha conhecido, se sabia por que a canção tinha esse título. Seu temor era de que eu pudesse ser influenciado por algum colega "subversivo" (um rótulo atribuído a todos aqueles que se opunham à ditadura militar). A preocupação de meu pai acendeu em mim a curiosidade de saber o que havia de tão perigoso naquelas canções. Foi então que me dei conta do caráter contestador de "Deus lhe pague", que passei a saber de exilados que acompanhavam seus amigos a aeroportos como o de Orly, de trabalhadores tratados como máquinas e descartados feito pacotes flácidos.

Foi pelas vozes de Chico, Gonzaguinha, Milton e Elis, as quais a mim chegavam pelas mãos de meus colegas de escola, que descobri que vivíamos sob a tirania de uma ditadura militar. Dessa consciência ao engajamento político e existencial foi um passo. Que me levou à literatura, depois ao teatro, à filosofia, à educação. Se hoje evoco esse episódio, é menos para tomá-lo como um testemunho do passado do que como um alerta sobre o presente: nem sempre é na frieza dos programas oficiais ou das relações formais que se tecem as experiências formativas no âmbito escolar. Muitas vezes é nos espaços que fogem ao controle e à previsão que se produzem as experiências mais marcantes. Como uma canção de amor em uma noite fria de junho.

DA DISCIPLINA ESCOLAR

Para além de sua acepção monástica e militar

Há cerca de um ano, estive em uma escola pública para discutir um tema que os professores consideravam um de seus mais graves problemas: a indisciplina. Não se trata de uma demanda isolada. Ao contrário, essa é uma queixa recorrente entre professores e profissionais da educação. Sua frequência e intensidade sugerem a existência de uma persistente crise que merece estudo e reflexão. O reconhecimento de que vivemos uma "crise" não deve implicar uma avaliação negativa do presente, como se ele desvelasse a eminência de um desastre. Como nos lembra a filósofa Hannah Arendt, "uma crise só se transforma em desastre se a ela respondermos com preconceitos", privando-nos, assim, da "oportunidade de pensar e refletir sobre nossa experiência". Uma crise pode ser um convite ao pensamento, pode nos desafiar a iluminar o vivido e a ele atribuir um sentido por meio da reflexão.

Pedi, então, aos professores que pensassem em um aluno indisciplinado ou em um episódio de indisciplina e o descrevessem. A intenção era levá-los a *pensar a experiência* e atribuir *sentido* ao termo que, de tão recorrente, poderia estar desgastado. Passamos a anotar e comparar os episódios individualmente classificados como atos de indisciplina. Foi impressionante a

Por uma pedagogia da dignidade

variedade – na verdade, a disparidade! – de condutas tidas como exemplos de indisciplina: agressões físicas ou verbais, ausência de polidez, conflitos entre alunos ou entre eles e professores, distrações, questionamento de regras...

A lista de queixas era longa e diversificada. Nisso residia um primeiro problema para nossa reflexão: se não distinguirmos indisciplina de conflito, de questionamento, de falta de cortesia ou civilidade, como compreender seu sentido em nossa experiência docente? Chamou-me a atenção, por exemplo, a ausência de episódios que vinculassem a indisciplina à falta de métodos de estudo e de disposição para o trabalho escolar. Passamos, então, a discutir: um aluno não pode ser questionador e até rebelde, mas *disciplinado*, no que diz respeito a seus estudos? Um grande artista não pode ser simultaneamente rebelde em relação a convenções sociais e disciplinado em relação a seu esforço criativo?

Se separarmos a disciplina escolar de seus objetivos precípuos – o de promover condições de uma convivência respeitosa e o favorecimento do estudo –, correremos o risco de termos uma imagem monástica ou militar de disciplina, que pode fazer sentido na igreja ou no exército, porém não na escola. Ora, isso implica reconhecer que não há uma "essência" ou "substância invariável" chamada "disciplina", presente em algumas pessoas e ausente em outras. Ao contrário, uma mesma pessoa pode ser indisciplinada em relação a seus estudos e disciplinada em relação a seus compromissos familiares; um jogador de futebol pode ser disciplinado, mas fraco no que concerne à observância das regras de seu credo religioso!

Não nos dividimos, pois, de forma congênita e irrevogável entre seres disciplinados e indisciplinados. Na verdade, aprendemos a ser disciplinados. Nesse sentido, a disciplina não é um pré-requisito para a aprendizagem; ela própria é resultante de uma aprendizagem. Por isso, o reconhecimento da gravidade do problema não pode servir para elidir nossa responsabilidade coletiva em face dele. Se temos alunos indisciplinados, é porque não temos sido capazes de ensinar-lhes o cultivo da disciplina como um valor constitutivo da instituição escolar.

REFERÊNCIA BIBLIOGRÁFICA

Carvalho, 1996.

TEORIAS ABSTRATAS E PRÁTICAS PEDAGÓGICAS

A teoria na prática é outra?

Quando ainda era aluno havia a "instrução autoprogramada", cujo fundamento, que vim a descobrir anos mais tarde, seria o behaviorismo. Mais tarde, já professor, assisti ao aparecimento e à glória do construtivismo; seguida do sócio-construtivismo, que prometia dar conta do que, afinal, faltou. Depois veio a "pedagogia dos projetos" e, em seguida, a das "competências". Quase me escapou que, entre o êxito retumbante e a triste decadência de cada uma dessas correntes, a solução prometida radicava no reconhecimento e na mobilização das "inteligências múltiplas". Perdão, houve ainda a "pedagogia crítica dos conteúdos" e as "libertárias"!

Por mais variados que fossem seus discursos, suas perspectivas pedagógicas e políticas e até mesmo, como diziam os mais eruditos, seus "pressupostos epistemológicos", os esforços de difusão e a busca pela adesão a essas propostas de reformas didático-pedagógicas parecem ter alguns elementos bastante comuns entre si. Em primeiro lugar, suas retóricas combinam um fervor quase religioso com alegados fundamentos científicos e filosóficos. Em segundo lugar, todas apresentam um discurso caricatural de combate ao inimigo (seja ele qual for: a escola tradicional, a psicologia behaviorista...). Por último, a explicação de seus reiterados fracassos em concretizar as reformas das práticas educativas que preconizaram: eles jamais se deviam a qualquer sorte de insuficiência da teoria! Ao contrário, sempre decorriam da "má formação" e da "resistência" dos professores; além, é claro, dos erros em sua "aplicação" da teoria (afinal, o "verdadeiro construtivismo", dizem, não é isso que fizeram em seu nome!).

Parece nunca ocorrer aos defensores dessas propostas redentoras a consideração de um aspecto singelo: *a cultura profissional do trabalhador escolar*. Em outras palavras, nelas se desconsidera o fato de que práticas escolares não são meros reflexos de teorias pedagógicas. O trabalho docente, em sua prática cotidiana, resulta da iniciação em uma cultura profissional específica, com um *ethos* próprio (por exemplo, a disciplina e o esforço pessoal como valores), com suas bases e suportes materiais (quadro negro, giz, diários), práticas discursivas (exortações) e não discursivas (cópias, colagens, filas). A cultura profissional de um professor resulta da apropriação desse conjunto de *práticas sociais* e não meramente da aplicação de preceitos e concepções pedagógicas, por mais que com elas possa dialogar.

Querer reformar práticas pedagógicas com base em teorias da inteligência ou princípios abstratos os quais desconhecem a cultura das instituições escolares é uma típica presunção tecnicista. Em vez de investigarmos as práticas correntes de professores que, por exemplo, alfabetizam com êxito, limitamo-nos a críticas estereotipadas e à proposição de soluções inexequíveis, porque concebidas em abstração de uma cultura profissional. Daí a resposta igualmente recorrente do professor: "a teoria, na prática é outra".

REFERÊNCIA BIBLIOGRÁFICA
Carvalho, 2013.

UNIVERSIDADE PÚBLICA E DEMOCRATIZAÇÃO DA SOCIEDADE

Relevância pública como critério

Os recentes e acalorados debates a respeito de mudanças nos exames vestibulares e a adoção de diversas modalidades de políticas de ação afirmativa, como as cotas em universidades públicas, trouxeram à ordem do dia uma questão que, há não muito tempo, se restringia ao debate acadêmico: *qual a natureza dos compromissos da universidade com a democratização da sociedade?*

O problema é, sem dúvida, bastante complexo, pois instaura um conflito entre dois princípios igualmente fundamentais da instituição universitária: o mérito acadêmico como critério e o compromisso político e social como princípio. Por essa razão, ele não admite soluções muito simples, que ignorem a tradição universitária ou o clamor presente em favor da promoção da equidade social. Entretanto, há um aspecto nesse debate que me chama a atenção, não pela sua forma presente, mas por sua espantosa ausência.

As legítimas e candentes preocupações relativas aos esforços pela democratização do acesso à universidade pública têm obscurecido um problema igualmente fundamental: a discussão sobre o sentido público daquilo que a universidade produz. Uma universidade comprometida com a justiça social não pode ignorar, ao pensar seus mecanismos seletivos, os efeitos daquilo que Bourdieu chamou de *capital cultural* (a transformação de um tipo específico de herança cultural familiar em fator de distinção no desempenho escolar). Porém, tampouco deve ignorar que os compromissos de uma universidade pública transcendem a mera preparação de profissionais que terão êxito em suas carreiras profissionais privadas.

Fui informado, por um de meus alunos, de que mais da metade da produção de inovações e patentes de uma unidade da USP destinava-se à indústria de cosméticos. Não verifiquei se a informação procede ou se é precisa. Todavia, é inegável que a ênfase no mercado e na competição dos profissionais que forma tem desviado a universidade do sentido de que deveria guiar suas ações no campo da docência, da pesquisa e da extensão: o interesse público.

Pouco vale duplicar o número de vagas para as licenciaturas se as universidades públicas não forem capazes de sensibilizar seus alunos para os problemas e as lutas da educação pública. A universidade pública não fará jus a seu compromisso social ao acolher jovens de origem humilde e simplesmente transformá-los em professores bem pagos de escolas de elite. Não basta desenvolvermos tecnologia de ponta em cirurgias cardiovasculares se deixarmos nossos laboratórios e pesquisas em doenças infectocontagiosas à míngua.

Aos esforços pela democratização do acesso à universidade devem corresponder esforços igualmente intensos no sentido de que sua produção, seu ensino e sua pesquisa reflitam, também eles, um claro compromisso com os princípios públicos de democratização da sociedade e de promoção da justiça. O debate acerca do valor público de sua produção é tão importante quanto as polêmicas acerca da democratização de seu acesso.

SIMULACRO E COMPROMISSO

Da distinção entre formação escolar e vida pública

Há pelo menos um século o ideal de abolir o caráter assimétrico das relações entre professores e alunos seduz um grande número de educadores, ao menos do ponto de vista de sua aceitação retórica. No Brasil, em particular, a variedade de perspectivas identificadas com essa ideia acabou por se agrupar em torno do que seus adeptos e entusiastas chamam de "escolas democráticas". Não é raro que, na penúria de nosso panorama intelectual, a adesão aos seus princípios seja tomada como condição necessária – e na maior parte das vezes, suficiente – para que um educador venha a ser identificado como "progressista". E, claro, sua rejeição venha a ser lida como sinal inequívoco de obscurantismo e autoritarismo. Essas simplificações maniqueístas podem ter contribuído muito para o teor apaixonado do debate acerca da democratização da escola, mas pouco ou nada colaboram para a elucidação dos graves dilemas que o tema enseja.

Um dos pressupostos mais comuns à ampla diversidade de correntes pedagógicas autoidentificadas como "democráticas" é o de que a liberdade de escolha dos alunos representa, simultaneamente, uma atualização dos princípios democráticos e um modo de preparação para o exercício da cidadania (daí o recurso comum a aulas não compulsórias, a escolha de temas com base em um suposto interesse discente etc.). Trata-se, ao meu ver, de um duplo equívoco.

Em primeiro lugar, porque confunde a liberdade da vontade – ou de escolha individual entre duas ou mais opções – com a liberdade como atributo da vida política. Esta, a liberdade política, não é uma mera extensão da noção de liberdade como escolha privada entre duas ou mais alternativas que um indivíduo faz baseado em sua vontade ou desejo. Como desígnio da vida política, a liberdade não é a escolha entre opções já dadas, e sim a capacidade humana de romper com os automatismos do passado e de criar, pela ação em concerto, novas configurações políticas e sociais. Seu exercício se dá, portanto, entre a pluralidade de iguais que marca a existência do espaço público como palco para a política (e não na consciência de um indivíduo que delibera sozinho!). E – este é o segundo equívoco – seria no mínimo ingênuo crer que a liberdade como condição da vida política de uma sociedade fosse resultado de um treinamento pedagógico a partir de escolhas individuais. Aliás, se assim o fosse, a emergência da democracia como fenômeno político teria sido sempre precedida por exercícios pedagógicos que formassem o "cidadão democrático", o que não parece ser o caso.

Claro que a transposição de certos ritos e procedimentos cujas imagens ligamos à democracia – como eleições, assembleias etc. – pode eventualmente gerar exercícios pedagógicos interessantes. Entretanto, eles jamais passarão de simulações didáticas ou, na irônica expressão de Azanha, de *um faz de conta pedagógico*, ainda que embalado por uma retórica bastante politizada. Há, contudo, um efeito mais deletério nessa insistência em se tentar criar no ambiente escolar um simulacro de democracia.

Trata-se do fato de que a relação almejada em uma sociedade que se pretenda democrática é a da plenitude da *igualdade*. Esse é, na verdade, o ideal e a promessa da democracia. Não se trata de uma igualdade concebida como ponto de partida da existência humana, porém como uma conquista. Uma conquista política que ultrapassa o formalismo do reconhecimento dos mesmos direitos a todos para afirmar também a plena responsabilidade de cada um por seus atos e a responsabilidade coletiva de todos pelos rumos da sociedade. Já o processo educativo implica que essa responsabilidade integral pelo mundo comum exige um período de preparação durante o qual as crianças e os jovens ainda não respondem plenamente por si e pelo mundo ao qual acabam de chegar. Eles precisam familiarizar-se com ele, compreender suas normas e valores, ser iniciados em suas práticas e realizações históricas, apoderar-se de uma herança pública à qual têm direito, mas cujo pleno gozo exige esse tempo de formação. Por isso, educamos e protegemos os mais novos: inventamos escolas, concebemos um modelo de infância, acreditamos que o exercício de certas tutelas (como a proibição de consumo de álcool, da frequência em determinados locais...) é legítimo e necessário.

Em síntese, a relação entre adultos e crianças, entre professores e alunos é fundada em uma hierarquia de responsabilidades, enquanto a democracia se pauta no ideal da igualdade de responsabilidade. Qualquer forma de elisão dessas diferenças estruturantes entre esses dois âmbitos da existência social pode ser fatal – ou pelo menos degradante – para ambos: a democracia e a educação.

REFERÊNCIA BIBIOGRÁFICA
Azanha, 1987.

ESCOLAS DEMOCRÁTICAS: POLISSEMIA E COMPROMISSO

A variedade de acepções da expressão "escola democrática"

Na reflexão anterior, procurei apresentar uma breve análise crítica de uma noção, corrente em nossos discursos pedagógicos, que identifica como "democrática" a escola na qual as relações entre professores e alunos seriam pautadas pela igualdade e na qual se cultiva a escolha como um exercício de liberdade individual. Procurei ainda deixar claro que alguns desses procedimentos podem ser até mesmo interessantes e eficazes para certos fins pedagógicos. Entretanto, o livre-arbítrio dentro de um âmbito pedagogicamente criado não deve ser tomado como um exercício de liberdade política. Trata-se, na melhor das hipóteses, de um "simulacro pedagógico" de democracia, no qual certos ritos e procedimentos são recriados, ainda que sob a alegação de que representariam formas de "emancipação" e a "autonomia" dos educandos.

Contudo, há outros sentidos aos quais podemos associar o ideal de uma "escola democrática". E, claro, o primeiro e mais importante de todos é o de uma escola acessível a todos. Isso pode hoje soar como uma trivialidade, mas vale recordar que, no estado de São Paulo, até a década de 1970, somente 15% dos alunos que terminavam a quarta série do então ensino primário passava pelo temível exame de admissão ao ginásio (respectivamente quarto e quinto anos do ensino fundamental hoje). E, ainda hoje, o percentual de jovens que têm acesso ao ensino médio regular é bastante baixo. Nessa acepção, uma escola é democrática exatamente na medida em que deixa de ser um privilégio de um grupo restrito, seja qual for o mecanismo utilizado para justificar a restrição: condições financeiras, gênero, desempenho nos exames escolares...

Podemos ainda pensar na democratização da instituição escolar a partir de outro aspecto: sua gestão. A existência de órgãos colegiados – como Conselhos de Escola; de instâncias deliberativas autônomas, como reuniões regulares nas quais professores determinam perspectivas pedagógicas e projetos de ação – é um exemplo de iniciativa que produz relações democráticas na escola. Ao contrário das relações pedagógicas, fundadas em uma assimetria que separa os papéis sociais e as responsabilidades de professores e de alunos, esse é um âmbito de natureza estritamente política, marcado, pois, pelo ideal de igualdade entre os membros do qual participam. Por isso, em um Conselho de Escola, o voto de um representante dos alunos deve valer o mesmo que o de um professor ou diretor.

Há ainda uma terceira acepção possível para o termo "democrático" quando este é aplicado a uma escola ou um sistema educacional: trata-se de sua capacidade para democratizar o acesso aos objetos da cultura escolar. Democratizar linguagens e objetos culturais não equivale a desenvolver "competências" nos alunos. Significa, antes, comprometer-se com a difusão e publicização de práticas e linguagens associadas a um povo e ao seu modo de vida: sua língua, sua literatura, suas formas de produção e fruição das artes, sua cultura corporal, as narrativas e teorias das quais lança mão para compreender a si mesmo e explicar o mundo em que vive. Em síntese, significa democratizar um legado de realizações culturais a que todos temos direito, mas cujo acesso só nos é possível por meio da aprendizagem. Nesse sentido, uma escola democrática é aquela que oferece a todos igual acesso a esses bens culturais. E os concebe não como um investimento individual, e sim como um processo de iniciação ao patrimônio cultural comum e público de uma nação.

Esse me parece ser o maior desafio para nossas escolas e o mais importante sentido político para a expressão "escola democrática". A cultura letrada, característica da escola, tem sido até hoje um privilégio de camadas restritas de nossa população. Torná-la um bem comum e público é democratizar um saber tido como distintivo de uma elite. Em face desse desafio, as discussões sobre assembleias, relações cordiais e atividades eletivas quase sempre me soam ingênuas. No entanto, às vezes me soam bastante astutas... Sobretudo se ocorrem em escolas cujo acesso é restrito a uma privilegiada minoria econômica!

REFERÊNCIA BIBIOGRÁFICA
Azanha, 1987.

SOBRE O CONCEITO DE ENSINO

A forma como elemento distintivo da atividade

Gostaria de propor uma breve reflexão sobre um tema que, paradoxalmente, parece ter sido relegado ao esquecimento no campo da educação: o ensino. Muito se tem falado nos discursos pedagógicos contemporâneos sobre aprendizagem, desenvolvimento cognitivo, cultura infantil ou protagonismo juvenil. Porém, cada vez menos se fala, se pesquisa ou se reflete sobre o ensino e seu agente profissional precípuo: o professor (que, sintomaticamente, passou a ser chamado de facilitador da aprendizagem, de mediador do conhecimento...).

Em uma obra publicada na década de 1960, o filósofo norte-americano Israel Scheffler apresentava uma definição sumária, mas bastante interessante, de "ensino". Ele o caracterizou como "uma atividade cujo propósito é a realização da aprendizagem, sendo praticado de maneira a respeitar a integridade intelectual do aluno e sua capacidade de fazer juízos independentes". Aparentemente estamos em face do óbvio, mas há aqui pelo menos dois importantes elementos que merecem consideração.

O primeiro deles é a constatação de que não se pode caracterizar uma atividade como ensino simplesmente com base na descrição de um conjunto de procedimentos empíricos diretamente observáveis. Uma pessoa a declamar um poema está ensinando algo a alguém? A resposta sempre dependerá de sua inserção em um contexto específico dotado de um claro propósito. Um mesmo ato – como a declamação de um poema – pode integrar uma encenação teatral, ser uma declaração de amor, um manifesto político ou uma aula de literatura. O que nos faz reconhecer um gesto, uma palavra ou observação crítica como um ato de ensino é seu propósito de produzir a aprendizagem e o contexto em que ele ocorre (e não simplesmente o ato isolado ou a técnica à qual se recorre!).

E se assim é, podemos inferir que a formação de professores implica mais fortemente uma preparação intelectual que vise à compreensão dos propósitos educativos e dos contextos institucionais nos quais se inserem nossos atos de ensino do que a um treinamento em técnicas, práticas ou competências individuais. A eficácia desses recursos, aliás, sempre depende de variáveis extremamente específicas e contingentes. Daí por que uma mesma aula, de um mesmo professor, em duas turmas diferentes pode ter resultados tão díspares, como bem o sabe todo professor.

Há ainda, na definição de Scheffler, um segundo ponto que merece atenção. Trata-se da importante diferença formal que ele sugere existir entre a noção de "ensinar" e outras maneiras de levar as pessoas a aprender a fazer algo ou a crer que algo seja verdadeiro. Podemos, por exemplo, levar pessoas a crer que um fato existiu – ou a acreditar em uma teoria – a partir de uma deliberada intenção de mentir, enganar ou manipular. Ora, a mentira, o ludríbio podem ter a mesma intenção do que o ensino – veicular uma ideia ou teoria a fim de convencer o outro de sua veracidade, por exemplo –, entretanto não podem ser consideradas um ato de ensino. Isso porque ensinar pressupõe não só que tentemos levar o outro a crer em algo que lhe foi comunicado, mas que tentemos levá-lo a crer em algo no qual acreditamos. E, sobretudo, que ele o creia e por razões que são nossas razões! Diferentemente de noção de "doutrinar", por exemplo, o ensino implica, portanto, a comunicação de algo que acreditamos ser verdadeiro – ou bom ou belo – tanto quanto a explicitação das razões e dos argumentos que justificam nossa crença ou juízo. E, ao assim fazer, "ensinar" exige que submetamos nossas crenças, juízos e conclusões ao escrutínio público, ao exame pelo outro com o qual interagimos.

Nesse sentido, um ensino de qualidade não se define só pelo seu resultado final no rendimento da aprendizagem (a coerção e o adestramento podem produzir competentes solucionadores de questões escolares!); porém, exige referência às formas como ele se realiza. Ele pode recorrer a inúmeros métodos ou estratégias, todavia sempre deve incluir o respeito à integridade intelectual e ao juízo independentemente do aluno a quem se ensinou.

REFERÊNCIA BIBIOGRÁFICA
Black, 1966.

A RECORDAÇÃO COMO FORMAÇÃO

Experiências escolares e formação de professores

Em nossas memórias de adultos, geralmente impregnadas de melancolia romântica, a imagem da primeira professora ocupa quase sempre um lugar especial. Como na canção de Ataulfo Alves ("que saudade da professorinha que me ensinou o bê-á-bá"), em que, de tão plena, a felicidade do menino não tinha consciência de si ("eu era feliz e não sabia..."). Da minha primeira professora, contudo, não lembro sequer o nome. No entanto, recordo vivamente a expressão austera, o olhar implacável, os gestos fortes e destemperados. Lembro-me de uma vara quebrada em um de seus acessos de fúria. Recordo-me de seus punhos fechados a distribuir pequenos golpes dolorosos nas cabeças infantis. E, claro, jamais me esqueci do apelido que lhe atribuímos em um gesto de justificada vingança: bruxa!

Já minha professora das então terceira e quarta séries era uma moça dedicada e doce, recém-formada na escola normal do bairro e que não deveria ter mais de 20 anos de idade. Seu nome era Gislaine. Lembro-me vivamente da aula em que tentou (no meu caso, sem sucesso imediato) nos ensinar frações por meio de um desenho de um chocolate, o qual se partia em duas metades, em quatro, enfim, em enigmáticas frações. Do dia em que

Por uma pedagogia da dignidade

me repreendeu, por conversar com um colega, e me colocou sentado no outro lado da classe, junto às meninas (o sistema de coeducação não era concebido de forma muito ortodoxa naquela escola suburbana e católica). Do quanto ela nos observava com respeito, do remédio que me trouxe ao notar uma verruga em meu dedo, do zelo com que mantinha uma folha para cada aluno em seu caderno de aula. Lembro-me da canção que escreveu para o dia de nossa formatura. Um dia em que, tristes, nos despedimos de uma grande professora.

Há quase duas décadas tenho como ofício – e interesse teórico – a formação de professores. Todavia, confesso que em grande medida ignoro os processos pelos quais se formam professores como Gislaine. É difícil crer que sejam frutos do desenvolvimento de certas competências previsíveis e enunciáveis, como querem as mais modernas diretrizes nesse campo. Ou que se produzam com base na compreensão científica do desenvolvimento infantil, como pregavam (ainda o fazem?) as pedagogias de inspiração psicológica. Claro que esses, como outros aspectos, podem ter alguma relevância para a formação de professores. Contudo, passam ao largo de questões essenciais, como compromisso pessoal e institucional, empatia e dedicação aos alunos, senso de responsabilidade pelas crianças e pelo legado cultural no qual é dever do professor iniciá-las.

Por outro lado, é pouco plausível que essas características sejam dons pessoais e independam de um processo formativo. Ao contrário, provavelmente se desenvolvem em nós como fruto de uma formação na qual o significado da profissão docente se desvela, aos poucos, em sua profunda complexidade. Não o captamos como fruto de uma instrução direta, mas como subproduto de uma experiência à qual nos expomos como alunos. Ao escutar um comentário sensível acerca de uma obra literária, ao observar a elegância de uma demonstração matemática, o rigor de um experimento científico ou a profundidade de uma reflexão filosófica. Ao notar um sincero interesse pelo nosso progresso intelectual, ao perceber o esforço para implantar uma dúvida onde havia ingênua certeza.

Mais do que pela familiaridade com métodos e procedimentos, o sentido da profissão docente se impregna em nós pela convivência com aqueles que escolhemos como mestres. Creio que seja a recordação dessas figuras e de suas aulas que alimenta e renova em nós o compromisso com a docência como uma forma de vida. Por isso, convém sempre manter certa prudência ao tratar de um tema espinhoso como esse. A formação docente parece resultar mais desse enigmático intercâmbio entre pessoas do que do contato com coisas, por mais sofisticadas que estas sejam.

CASTELOS DE AREIA

Como um mergulho num presente infinito

O verão chuvoso tinha nos obrigado a permanecer encarcerados no pequeno quarto da pousada. Por essa razão não hesitei em aceitar o convite de Moana para irmos juntos à praia assim que o céu anunciou um breve período de estiagem. De minha parte, só queria dar alguns mergulhos nas águas acolhedoras do mar da Bahia. Já Moana sonhava, literalmente, com castelos de areia habitados por lânguidas e elegantes princesas. Como a chuva trouxera à beira-mar, com seu furor, troncos e garrafas pet, algas marinhas e latas de cerveja, desisti de meu intento e cedi a seus apelos para que a auxiliasse na edificação de um majestoso palácio capaz de abrigar a imensidão de seus devaneios.

    Os primeiros punhados de areia se acumulavam mecanicamente numa espécie de torre em torno da qual a edificação deveria se erigir. Mas em algum momento – cujo início não saberia precisar – minhas mãos abandonaram o ritmo mecânico e se juntaram à imaginação para vislumbrar muralhas a circundar o castelo e os fossos que lhe ofereceriam proteção; uma ponte móvel a facultar a entrada dos amigos e quatro torres que nos protegeriam de ameaças hostis. E enquanto eu fortificava o edifício, Moana dotava-o de rara beleza ao distribuir pequenas gotas de areia cinza que se espalhavam sobre muralhas, torres e cômodos. Livre de lembranças do passado e de expectativas quanto ao futuro, o tempo fluía em um infinito presente até que demos por terminada nossa tarefa: um castelo edificado por mãos humanas habitava, majestoso, a paisagem até então agreste da praia.

Na manhã seguinte, ao voltar à praia, Moana se precipitou em direção ao local em que havíamos construído o castelo. Regressou furiosa, interrogando em tom desafiador: "De que adianta construir um castelo na areia se a chuva destrói tudo?" Mas castelos de areia não são feitos para durar, nem para habitar. Nós a eles nos entregamos com paixão, carinho e dedicação simplesmente porque têm o poder de nos envolver profundamente na alegria de sua construção. E o fazemos a despeito de saber que, em breve, deles nada mais restará senão uma vaga recordação. Moana ouviu minhas palavras, sorriu e, apontando o dedo para seu coração, afirmou: "Eles ficam aqui. Na alma".

Assim também são as boas aulas, pensei comigo. Nós a elas nos entregamos como quem mergulha em um presente infinito. Quando as vivenciamos, seja como aluno ou professor, suspendemos as determinações do passado e as expectativas do futuro. É o próprio ato presente – de construir a torre, interpretar o poema ou resolver a equação – que nos absorve. Pouco importa se a torre jamais for habitada, se o poema não cair na prova, se a resolução da equação não me garantir o emprego, desde que a eles nos entreguemos com afinco, alegria, capricho e atenção. Como crianças que constroem castelos de areia.

Momentos mágicos que ficam gravados em cada um de nós. Não porque necessariamente sejam úteis, aplicáveis ou vantajosos. Mas porque nos constituem como sujeitos. Ou porque, como diz Moana, ficam guardados na nossa alma.

NO LUGAR DA LOUSA, A PRISÃO

Professores agredidos e adolescentes encarcerados não são fenômenos desconexos

Em A civilização dos pais, o sociólogo alemão Norbert Elias analisa as peculiaridades da infância na era moderna, contrastando-a com outras formas sociais de lidar com crianças e de nelas projetar um ideal social de adulto. Em uma passagem particularmente iluminadora da natureza das dificuldades que o nosso tipo de civilização impõe a pais e professores, Elias ressalta que em sociedades urbanas industrializadas, como a nossa, a formação de um adulto implica uma complexa rede de fatores interdependentes, que vão da disciplina dos corpos à contenção das emoções. Isso porque a "civilização moderna" requer uma dose "muito alta de previsão e contenção dos impulsos momentâneos para o alcance de objetivos e satisfações de longo prazo", ou seja, "uma alta dose de contenção autorregulada dos afetos e pulsões".

Ocorre, contudo, que, por natureza, os seres humanos dispõem tão somente do potencial necessário para esse tipo de autodomínio. Eles apresentam um aparato biológico que torna possível o controle de pulsões e afetos desse tipo, mas o modelo e as dimensões desse controle não são, de maneira nenhuma, dados pela natureza. Eles se desenvolvem durante o crescimento da criança e por meio do convívio com outros indivíduos.

Para Elias, no curso de um processo civilizador individual, o potencial biológico é atualizado segundo a medida e o modelo de regulação dos afetos e pulsões tal como a sociedade os desenvolveu e os prescreve. Assim, a criança "incivilizada" vai se tornando um adulto mais ou menos "civilizado", ou seja, capaz de um autocontrole sobre suas pulsões primárias e sobre a expressão de suas emoções mais imediatas. Noutras palavras, numa sociedade como a nossa, o período de preparação de um adulto que corresponda às expectativas sociais é consideravelmente maior do que em sociedades predominantemente agrárias ou, por exemplo, numa sociedade de guerreiros e caçadores, que exigem bem menos controle desses impulsos e pulsões. Daí a importância de um longo processo de formação – inclusive escolar – e a necessidade da cisão entre períodos preparatórios aos quais denominamos "infância" e "adolescência".

Nesse sentido a suposta ignorância das características do mundo infantil e adolescente nas sociedades pregressas não pode ser compreendida apenas como uma lacuna do conhecimento. Ao contrário, ela reflete o fato de que a cisão entre essas etapas da vida social – a infância e a vida adulta – simplesmente não era tão marcada, nem se fazia tão necessária. Inventamos a criança e o adolescente porque desenvolvemos uma forma de vida que exige de cada indivíduo um alto grau de autocontrole e um lento processo formativo. E foi com o objetivo de garantir esse tempo de formação que afirmamos ser a educação um direito social fundamental.

A recente polêmica acerca do rebaixamento da maioridade penal reflete a forma como encaramos o fracasso de nossa socie-

Por uma pedagogia da dignidade

dade em inserir os recém-chegados ao tipo de civilização que desenvolvemos. Em face de nossa crônica incapacidade de os prepararmos para as exigências de autorregulação do indivíduo, preferimos encarcerá-los a educá-los, de forma a tornar o espaço e o tempo de uma formação um privilégio de certos segmentos sociais.

Nesse sentido, as cenas de professores barbaramente agredidos por forças policiais, que assistimos ao longo do ano de 2015, não estão desvinculadas do clamor social pelo encarceramento de jovens em conflito com a lei que culminou com a proposta legislativa de redução da maioridade penal. São duas faces da mesma moeda: a recusa social em encarar a responsabilidade política de todos em face dos desafios da educação contemporânea.

O TEMPO QUE NOS UNE

O ato educativo é um compromisso com a durabilidade do mundo

Em uma conhecida passagem de suas Confissões, Agostinho reflete sobre a experiência humana do tempo; sobre a forma específica como os humanos se relacionam com o fluxo contínuo por meio do qual o ciclo vital se renova e se perpetua. Afinal, "o que é o tempo?", pergunta-se Agostinho: "Se ninguém me pergunta eu o sei; mas se me perguntam, e quero explicar, não sei mais nada". De fato, em nossa linguagem cotidiana, sabemos o que queremos dizer quando afirmamos que não temos tempo, quando perguntamos há quanto tempo algo aconteceu ou quando constatamos que "o tempo voa". Mas essa familiaridade com alguns usos cotidianos da noção de tempo não implica que compreendamos a natureza da experiência humana com o tempo.

Para Agostinho a experiência humana do tempo não é a mera passagem contínua de instantes desconexos, mas um presente que se reparte em três dimensões interligadas: a lembrança, que faz o passado tornar-se presente; a expectativa, que faz o futuro mostrar-se como uma possibilidade presente; e o próprio presente, em que manifesto a atenção do momento. O tempo não é, pois, algo externo ao homem, mas uma dimensão de sua estrutura psí-

Por uma pedagogia da dignidade

quica que, no presente, distende-se para o passado e para o futuro. A experiência dessa temporalidade é, pois, o que nos faz seres enraizados no passado e capazes de projetos futuros; que nos transforma em seres atuantes ao longo de um tempo que tem duração e se prolonga entre o passado e o futuro. Trata-se, portanto, de uma experiência que nos aparta dos outros animais que só vivem num eterno presente, sem rastros do passado nem expectativa quanto ao futuro.

Em um sentido muito amplo, a educação é um processo de iniciação e vinculação à experiência de durabilidade no tempo do mundo humano. Não nascemos somente para a dimensão biológica da vida que transcorre num fluxo contínuo de presentes sucessivos. Ao contrário, ao participar de um legado de realizações simbólicas e materiais (como uma língua, uma tradição ética ou estética, um mundo de objetos e instituições cuja existência precede a cada um de nós) inserimo-nos em um mundo propriamente humano que nos vincula àqueles que nele nos precederam e nos responsabiliza pela sua continuidade e renovação ao longo do tempo. Por isso educamos aqueles que chegam a esse mundo, de forma que as linguagens, práticas e hábitos que nos constituíram como sujeitos possam se manter vivos e conferir um sentido a cada existência individual.

Essa tarefa de inserção na experiência da temporalidade humana pode tomar – e tem tomado – diversas formas ao longo da história, essa dimensão coletiva da experiência temporal dos humanos. Por vezes ela se revela na reverência ao passado, como na civilização romana ou no culto à ancestralidade que marca a cultura de certos povos. Noutras, é a dimensão do vínculo com o futuro que sobressai, como na ideia iluminista de uma história linear e pautada pela noção de progresso. Mas em qualquer um desses casos, o vínculo com a história pregressa e futura é o que confere sentido ao presente. E é esse vínculo que parece estar ameaçado por uma cultura, como a nossa, centrada na ideia de gozo do presente como valor máximo da existência humana.

Restrito ao presente, o ser humano perde a profundidade de um ser que tem história; perde a liberdade que o constitui como um ser responsável pelo futuro. Por isso o ato educativo é, necessariamente, um ato de compromisso com a durabilidade de um mundo histórico. E ele só realiza esse compromisso ao assumir a responsabilidade por selecionar e cuidar de aspectos significativos de um legado histórico e fincar os compromissos com sua renovação no futuro. Trata-se de renovar, em cada criança, essa experiência de um ser presente que se situa entre um passado e um futuro que nos une em um mundo comum.

DA TEORIA À PRÁTICA

O papel da teoria na formação de professores

Às vésperas de iniciar uma nova turma do curso de licenciatura – e depois de mais de 20 anos de experiência na formação de professores –, deparo, uma vez mais, com uma antiga e recorrente perplexidade: como pode um curso teórico cooperar para fazer de um historiador, de um matemático ou de um geógrafo um professor do ensino básico? Que estudos acadêmicos seriam necessários – ou ao menos desejáveis – para operar essa transformação? Qual deve ser, pois, o papel de uma disciplina teórica na formação prática de um profissional cujos desafios são sempre da ordem do singular e do imprevisível?

Não é raro que o complexo problema das relações entre teoria e prática no campo educacional seja simplificado numa afirmação geral e abstrata, como a que assevera seu suposto caráter "dialético". Tudo se passa como se, ao atribuir um adjetivo a essa peculiar relação, sua substância se desvelasse sem mistérios. Mas, em verdade, o que dela sabemos ao afirmar seu caráter dialético? Como em tantas outras perplexidades do campo educacional, o recurso a uma expressão cristalizada pode ter um efeito deletério: enfeitiçar o intelecto, deixando intacta a problematicidade da questão. Afinal, em que medida supor que essas relações sejam dialéticas nos ajuda na árdua tarefa de conciliar o caráter geral de qualquer enunciado teórico com a especificidade dos problemas práticos de um docente?

Seria um engano, contudo, crer que se trata de um problema confinado ao campo dos estudos e das práticas educativas. Tomemos o exemplo de um médico cirurgião. É evidente que esperamos que ele possua um conjunto de conhecimentos teóricos gerais, como os relativos à anatomia humana, às funções dos órgãos etc. Não obstante, é igualmente óbvio que a destreza e a perícia da mão de um cirurgião não decorrem diretamente das verdades anatômicas e fisiológicas que ele detém em sua memória. A excelência de sua prática cirúrgica não dispensa, mas não se resume à posse de um conjunto de enunciados teóricos acerca da prática médica ou da fisiologia humana. O mesmo se passa em relação a um professor, como atesta a evidente lacuna entre o conhecimento que ele pode deter acerca de teorias didáticas, psicológicas ou sociológicas e seu desempenho numa sala de aula concreta.

Reconhecer essa lacuna não implica, contudo, desprezar o papel da teoria na formação de um professor. Mas pode nos alertar contra a simplificação de um problema extremamente complexo, que não comporta respostas únicas nem definitivas. Embora não tenham produzido certezas, as duas décadas de experiências no campo da formação de professores me sugerem ao menos uma aposta: a de que um bom caminho é a busca pela compreensão do sentido do trabalho docente na sociedade contemporânea. Note-se, não falo em "função" da escola ou do professor, mas em sentido ou significado da ação de educar por meio do ensino.

Tomemos um novo exemplo. É claro que a obra de um artista não é a mera aplicação prática de suas teorias estéticas. Mas é igualmente óbvio que a forma como ele pensa o sentido da arte e o significado pessoal e social de seu trabalho tem uma influência direta naquilo que produz. Assim, de seus eventuais estudos teóricos, um artista não retira simplesmente procedimentos instrumentais, mas uma visão de arte que se materializa em sua obra. Analogamente, os significados que professores costumam atribuir à experiência escolar, ao papel de um docente na formação de seus alunos, à contribuição que sua área de conhecimento pode oferecer para a compreensão do mundo em que vivemos se refletem em seus gestos, suas escolhas, seus procedimentos. Não como se estes fossem a mera aplicação prática de preceitos teóricos, mas tomando-os como princípios que inspiram ações únicas, artesanais. Princípios que podem – e devem – ser objeto de exame teórico na formação de professores, ainda que deles não possamos extrair regras ou procedimentos inequívocos para os dilemas de nossas práticas cotidianas.

O FETICHE DO MÉTODO

A ilusão da (in)eficácia de um procedimento pedagógico.

Em uma bela passagem de seu *Diário de escola*, o escritor e ex-professor Daniel Pennac narra a importância que ele atribuía ao ditado em suas aulas. Os textos que selecionava eram sempre fragmentos de obras literárias que seus alunos deveriam anotar, corrigir e decorar. Ao longo de todo ano esses jovens da periferia de Paris eram convocados a declamar para a sala excertos de romances, contos e poemas que seu professor havia selecionado para lhes apresentar. Era provavelmente a única oportunidade que tinham para travar contato com eventos, personagens e reflexões que, embora distantes no tempo e no espaço, tinham algo a lhes dizer sobre a condição humana e sobre a própria experiência de cada um.

Qual não foi minha surpresa ao ouvir um renomado professor de Linguística da Unicamp condenar essa prática como retrógrada e sem sentido. Suas alegações se sustentavam em complexas teorias acerca das formas como nos familiarizamos com o uso da língua escrita. Tudo que ouvi me parecia convincente, exceto por um detalhe: ele desprezava o fato de que em uma aula o fator decisivo não é a técnica utilizada, mas a relação que um professor estabelece com sua matéria, com seus recur-

Por uma pedagogia da dignidade

sos didáticos e com seus alunos. Um ditado pode ser maçante e sem sentido, mas também pode ser a oportunidade de um exercício de escrita e de leitura atenta e plena de significado. Tudo depende da relação que se estabelece entre o professor, a sala e os procedimentos adotados.

Crer na eficácia – ou na ineficácia – de um procedimento pedagógico em abstração de quem dele faz uso e das circunstâncias particulares que caracterizam cada aula é reduzir a complexidade da formação educacional à mera aplicação de técnicas e procedimentos didáticos. Ao se deixar embair pelo fetiche do método, o debate pedagógico decreta a superfluidade do professor, de sua relação com os alunos e com a matéria que ensina. É como se a adoção de um método ou procedimento de ensino fosse suficiente para o êxito ou o fracasso da formação.

Sabemos que um mesmo procedimento (como um ditado) ou um mesmo material didático (como uma cartilha) pode gerar aulas completamente diferentes. O que podemos efetivamente afirmar acerca de uma aula ao sabermos o livro que um professor adotou ou a técnica à qual recorreu? Todas as professoras que utilizavam a cartilha *Caminho Suave* procediam da mesma forma e obtinham os mesmos resultados? Todos os professores que adotaram um mesmo livro dão aulas iguais? Não é óbvio que a relação que cada um estabelece com determinado material didático ou com um recurso pedagógico específico é sempre singular e irreproduzível? Que nunca há duas aulas idênticas, ainda que baseadas nos mesmos livros?

Em minhas aulas como professor do ensino médio já recorri a procedimentos que, se fossem abstratamente analisados, poderiam ser motivo de revolta ou escárnio, como a chamada oral. Mas havia entre mim e meus alunos tanta cumplicidade e alegria que uma sala me presenteou, ao final do ano, com uma roleta para imprimir ainda mais emoção na hora da escolha do aluno que deveria retomar a aula ou o texto indicado. Sabíamos que a chamada oral não visava expor cruelmente ninguém. Era um simples exercício que apostava na capacidade dos alunos de ler, compreender e lembrar. Mas isso não era uma propriedade da técnica; era o produto de uma relação! Este é um dos segredos da prática educativa: o que verdadeiramente conta não é simplesmente o que é feito, mas quem o faz e em nome de quê.

UMA CRISE NA EDUCAÇÃO?

Uma crise nem sempre implica declínio ou decadência

Afirmar que vivemos hoje uma crise na educação escolar virou lugar-comum. Professores, pais, jovens, a mídia impressa e eletrônica, enfim, os mais variados segmentos da sociedade parecem ter certeza de que algo vai mal na educação escolar. Seus resultados têm sido avaliados como insatisfatórios; seus objetivos, considerados ultrapassados e seus procedimentos, tidos como obsoletos. Daí a sensação generalizada de um mal-estar que, em nossos discursos cotidianos, evocamos como sintomas de uma "crise". Mas o que pode significar – para além desse vago consenso – admitir que a experiência escolar esteja em "crise"?

Em geral, o uso do termo "crise" nos remete, de forma direta e imediata, às noções de "declínio", "decadência" ou mesmo "desaparecimento". Assim, afirmar a existência de uma "crise" na educação implicaria lhe atribuir algum tipo de juízo negativo (como um suposto declínio em seus padrões de rendimento, uma alegada obsolescência de suas práticas ou uma hipotética irrelevância de seus conteúdos) ou mesmo profetizar seu ocaso. Mas esse uso corrente e disseminado do termo "crise", que o associa a uma inexorável decadência, encerraria toda a riqueza de seu campo semântico ou, ao contrário, poderíamos investigar e pensar outros sentidos para seu uso?

É interessante notar, por exemplo, que o termo grego κρίση (krisis) – de onde deriva a palavra "crise" em português – não contém nenhuma alusão imediata à noção de decadência ou declínio. Ele se refere simplesmente à ação de separar, distinguir; à necessidade de uma escolha ou seleção ou ainda à ação de julgar, de decidir. É dele que deriva, por exemplo, o termo κριτήριο (kriterion): critério, faculdade de julgar ou norma para discernir o verdadeiro do falso. É também a raiz da palavra grega kritikós (juiz, crítico ou o antigo Mestre da Justiça), por referência àquele que, com seu veredito, cinde a realidade e inaugura um novo momento. Assim, em seus usos primeiros a noção de crise remete ao momento em que se faz necessário julgar, decidir, escolher. É, pois, um momento crucial; uma ocasião na qual as decisões a ser tomadas podem promover tanto a justiça como a injustiça. No campo médico a "crise" é a ocasião em que um profissional é chamado a distinguir o que se passa e convocado a tomar uma decisão da qual pode resultar tanto a cura como o agravamento da doença, tanto o prolongamento da vida como a chegada da morte. Nessa acepção a "crise" é, pois, um momento crucial, uma oportunidade que pode levar tanto a um "bom" como a um "mau" desfecho.

É essa a acepção que Hannah Arendt, em meados da década de 1950, empresta ao termo "crise" ao falar dos rumos da educação norte-americana (e mundial!). Para ela, uma crise na educação não é necessariamente um desastre, mas a oportunidade de refletir sobre a razão de ser da educação, sobre seu sentido para aqueles que educam e para aqueles que são educados. O que caracteriza a emergência de uma crise é o fato de que perdemos as

Por uma pedagogia da dignidade

respostas e certezas que tínhamos e que guiavam nossas escolhas e justificativas. Assim, constatar, por exemplo, que vivemos uma crise ética não significa afirmar que as novas gerações são piores – ou decadentes – em relação àquelas que as precederam. Significa tão simplesmente que os princípios éticos que herdamos do passado já não mais se apresentam como parâmetros seguros para os dilemas morais do presente. Significa, como afirmou Tocqueville, que o passado cessou de iluminar o futuro. E que estamos, portanto, condenados a caminhar sem o apoio da tradição.

Nesse sentido, falar de uma crise da educação não necessariamente implica asseverar o declínio da escola, nem ansiar por uma restauração de um suposto passado idílico. Ao contrário, se pensarmos a crise na educação como um momento de ruptura, de perda das certezas (o que ensinar? Como fazê-lo? Em nome do que educar?...), ela pode se afigurar como uma oportunidade de reflexão e um exercício de responsabilidade. Afinal, como nos sugere seu uso arcaico, o momento de crise é aquele em que somos chamados a tomar uma decisão. E a nos responsabilizarmos por ela.

AO MESTRE COM CARINHO

A gratidão de Camus ao professor que marcou seu destino

Logo após receber, em 1957, o Prêmio Nobel de Literatura, Albert Camus escreve uma breve carta a Monsieur Germain, que havia sido seu professor numa escola pública de um bairro operário de Argel. Nela o já consagrado escritor e filósofo franco-argelino expõe sua gratidão àquele que havia sido responsável por uma profunda transformação em sua vida: *Acaba de me ser feita uma grande honra que não busquei nem solicitei*, escreve Camus a seu antigo mestre. *Quando soube da novidade, meu primeiro pensamento, depois de minha mãe, foi para você. Sem você, sem essa mão afetuosa que você estendeu ao menino pobre que eu era, sem seu ensino, sem seu exemplo, nada disso teria acontecido.*

A infância pobre de Camus, as lembranças de suas aventuras junto a seu tio, as vidas de operários e crianças do bairro de Belcourt povoam todos seus escritos literários e marcam seu pensamento político e filosófico. Mas é em uma obra inacabada – *O primeiro homem* – que Camus nos apresenta a esse extraordinário personagem que marcou sua existência e que até o final de sua vida a ele se dirigia afetuosamente como *meu querido menino* ou simplesmente *meu pequeno Camus*. No romance, achado entre os escombros do acidente de automóvel que tirou sua vida, seu mestre Louis Germain se transforma em M.

Bernard, um professor cujas *aulas eram sempre interessantes pela simples razão de que ele era apaixonado pelo seu trabalho.*

Nelas o menino Camus descobre a literatura, as histórias da Grande Guerra na qual morreu seu pai, a existência da neve, de outros países e povos. Ele descobre, enfim, a alegria de ser transportado para mundos até então desconhecidos: *Apenas a escola dava a Jacques e a Pierre essas alegrias. E, sem dúvida, aquilo que amavam tão apaixonadamente nela era o que não encontravam em suas casas, onde a pobreza e a ignorância tornavam a vida mais dura, mais morna, como que fechada em si mesma; a miséria é uma fortaleza sem ponte levadiça.* E contra ela – a miséria que se fecha em si mesma – M. Bernard, como uma ponte, convidava aqueles meninos a uma travessia em direção a um universo de experiências simbólicas das quais eles até então se encontravam privados.

Por isso suas aulas foram tão marcantes, tão diferentes: *Nas outras classes, ensinavam-lhes sem dúvidas muitas coisas, mas um pouco como se entopem os gansos. Apresentavam-lhes um alimento pronto pedindo que o comessem. Nas aulas de M. Germain, pela primeira vez sentiam que existiam e que eram objeto da mais alta consideração: julgavam que eram dignos de descobrir o mundo.* E, porque acreditava no princípio da igual dignidade de todos seus alunos, M. Germain estendia sua mão afetuosa a cada um deles, fazia de seus gestos e palavras a encarnação de seus princípios.

O professor que emerge das imagens e lembranças de Camus nos comove menos pela eficácia de seus esforços do que pela dignidade de sua luta; menos pela riqueza de seus recursos pedagógicos do que pela clareza de seus compromissos educativos. Para M. Germain, ser professor era mais do que uma maneira de ganhar a vida. Era uma forma de dar um significado histórico à sua existência.

REFERÊNCIA BIBLIOGRÁFICA

Camus, 2005.

O MILAGRE DA EMANCIPAÇÃO

A potência humana de romper com as amarras de um destino anunciado

Aos 2 anos de idade, vítima da escarlatina, Hellen Keller tornou-se surda e cega. Desse momento em diante sua existência parecia condenada ao obscuro confinamento dentro de si mesma. Sem ser capaz de ouvir, falar ou enxergar, o mundo à sua volta praticamente se resumia às sensações táteis que tinha e aos breves gestos por meio dos quais expressava suas necessidades mais básicas. Incapaz, até os 6 anos de idade, de controlar suas pulsões agressivas, Helen recebe sua professora Anne Sullivan de forma violenta e atemorizante. Sem nenhuma experiência pregressa no ensino de crianças incapacitadas de ouvir e enxergar, Anne dedica-se com afinco a tentar – e por muito tempo sem sucesso! – ensinar Hellen a se comunicar por meio de uma língua de sinais táteis.

Mas, como a própria Anne Sullivan irá se dar conta mais tarde, Hellen nem sequer sabia que existiam palavras; que ao nomear cada objeto, cada sensação, cada evento organizamos um mundo passível de ser compartilhado com nossos semelhantes. Ela persiste tentando lhe ensinar, alternando um toque numa boneca e a escrita dessa palavra em sua mão, um toque na

Por uma pedagogia da dignidade

mesa e os sinais que a identificariam e a separariam de um mundo contínuo de objetos desconexos entre si. Mas sem sucesso, pois Hellen não era capaz de vincular aos objetos os sinais que lhes eram correspondentes.

Numa tarde ensolarada Anne leva Helen a um poço a fim de buscar água. A sensação da água fria em suas mãos parece despertar uma alegria misteriosa na menina. E o discernimento pedagógico da professora leva-a a escrever imediatamente em suas mãos a palavra "água". Hellen vincula pela primeira vez gesto e objeto e reescreve a palavra nas mãos de sua professora. A seguir, toca a bomba do poço e estica sua mão para a sua professora. Depois, toca o chão, as flores e, de forma obstinada, passa a querer saber de cada coisa o seu nome. Hellen deixou de ser capaz de produzir somente sons que expressam necessidades. Ela se transformara em um ser dotado de linguagem; capaz, portanto, de conferir inteligibilidade ao mundo que agora se organizava em palavras, expressões e conceitos.

Na primeira vez que tive contato com essa história era um adolescente e nem sequer pensava em ser professor. Hoje, depois de mais de 30 anos no magistério, ela me emociona ainda mais. E, recentemente, ao relê-la para minha filha, tive a sensação de que ela condensa muitos dos possíveis significados da tarefa docente na experiência educativa. Ao ensinar a Hellen uma linguagem, Anne fez muito mais do que lhe fornecer um meio de autoexpressão. Ela a retirou da escuridão de seu exílio subjetivo para a luz de um mundo compartilhado de signos; um mundo impregnado de histórias e prenhe de expectativas. Hellen deixou de ser um vivente da espécie *Homo sapiens* para se constituir em uma pessoa que, mais do que quem expõe suas necessidades, expressa por meio de uma linguagem o caráter singular de sua existência.

Ao cooperar decisivamente para a superação daquilo que parecia ser um destino inexorável, Anne opera um "milagre" na vida de Hellen. Ela a retira de si mesma e possibilita que a criança surda e cega se transforme numa escritora mundialmente reconhecida. Ao abrir o mundo da escrita, da poesia, da filosofia, das artes ou do esporte, cada professor carrega em seu gesto a mesma possibilidade de um milagre. Não porque tenha qualquer vínculo com a transcendência religiosa, mas porque atualiza a potência humana de romper com as amarras de um destino anunciado nas contingências de uma condição prévia. O milagre da educação se realiza, pois, por meio da emancipação.

CULTURA LETRADA E BEM COMUM

Muito além dos interesses de cada um

Devemos a Erik Havelock (1903-1988), um estudioso da era clássica, algumas das mais fecundas investigações acerca do surgimento da cultura letrada e das alterações que esse acontecimento histórico imprimiu aos hábitos intelectuais e às formas de vida social até então baseadas na comunicação oral. Seus estudos sobre o impacto social da invenção e da difusão do alfabeto grego tornam patente o fato de que a linguagem escrita é algo bem mais complexo do que a mera grafia das formas orais de comunicação. Segundo Havelock, "o alfabeto converteu a língua grega falada num artefato, separando-a do locutor e tornando-a uma linguagem, isto é, um objeto disponível para inspeção, reflexão e análise". Se a oralidade favorece um discurso descritivo da ação, a linguagem escrita cria a possibilidade de um discurso conceitual, capaz não só de descrever eventos, mas também de enunciar proposições e submetê-las ao exame crítico e à reflexão permanente. A filosofia e a ciência gregas são, pois, filhas da cultura letrada.

Para o autor, não se deve confundir o aparecimento de uma cultura letrada com a invenção de escrita. Os sumérios, os egípcios e os maias, por exemplo, desenvolveram a escrita, mas jamais lograram criar uma "cultura letrada". Isso porque o que define uma cultura como sendo "letrada" não é o mero conhecimento de uma técnica – a escrita –, mas a criação de um vasto público leitor. Por isso, enquanto permaneceu restrita a uma classe de sacerdotes e funcionários, a habilidade de ler e escrever não representou uma ruptura em relação aos hábitos e às capacidades mentais de um povo.

Foi somente por volta do século V A.C., quando a leitura deixou de ser um privilégio de poucos para se transformar numa prática acessível a um número significativo de cidadãos do mundo grego – agora convertidos também em leitores –, que a escrita alfabética logrou realizar numa revolução cultural, trazendo consigo novos hábitos de pensamento. E isso só foi possível a partir da invenção da *skholé*: de um tempo e de um espaço "escolar", compreendidos à época como um tempo livre dedicado à formação cultural, da qual o aprendizado da escrita passou a fazer parte.

Mas a história da cultura letrada não é a de um progresso linear e contínuo. A alfabetização social promovida pelas cidades gregas expandiu-se na cultura romana, mas não resistiu à queda de seu império. Bastaram algumas gerações para que o percentual de leitores na população caísse significativamente, de modo que a leitura e a escrita voltaram a ser concebidas como saberes especializados e elementos distintivos de um estamento social: o clero. Foi somente com a invenção da imprensa e o desenvolvimento dos sistemas nacionais de ensino que a cultura letrada voltou a ocupar um lugar central na cultura ocidental (ao ponto, por exemplo, de identificarmos de forma imediata a noção de uma "pessoa culta" à sua familiaridade com obras clássicas da cultura letrada!).

Por uma pedagogia da dignidade

A compreensão desse complexo processo histórico é particularmente importante para nós, professores. Em primeiro lugar porque resgata um vínculo histórico – óbvio, mas muitas vezes esquecido – entre o tempo e o espaço escolar e a expansão da cultura letrada. É à difusão da escola que devemos a capilaridade da presença da cultura letrada na sociedade moderna. Ao assim fazer, a escola transformou a cultura letrada em um bem comum. Conceber o aprendizado da leitura e da escrita como uma competência – ou mesmo direito – individual é elidir sua importância pública e fundir a noção de bem comum à da somatória de interesses individuais.

Um interesse privado – como o bem-estar material de cada um – pode ser extensivo a todos os integrantes de uma sociedade, mas ele difere, em sua natureza, de um bem comum. Tomemos um exemplo capaz de ilustrar essa diferença: a justiça como bem comum. Sua eventual ausência na vida política de uma nação não é um problema só de indivíduos isolados que venham a sofrer injustiças. Na verdade, uma ordem injusta traz graves consequências para os laços sociais que unem toda uma comunidade política ou cultural. Da mesma forma, o cultivo da cultura letrada não é algo que interesse simplesmente a cada indivíduo em função de seus interesses particulares (como emprego ou posição social). Ele expressa uma forma compartilhada de se conceber a cultura e o pensamento; de se relacionar com o presente e o passado. Daí a relevância de se conceber a escolaridade como bem comum e não somente como oportunidade de desenvolvimento individual.

O OFÍCIO DE SER PROFESSOR

Um acaso transformado em destino

Na primeira vez que adentrei uma sala de aula na qualidade de professor ainda não havia completado 20 anos de idade. Não era uma escola de educação básica, mas um instituto especializado no ensino de idiomas. Como havia completado meus estudos secundários no exterior e era fluente em inglês, o ensino de línguas se afigurava como um emprego interessante enquanto cursava a faculdade. A esse interesse pragmático adicionava-se uma circunstância fortuita: havia tido uma ótima professora de inglês numa escola de idiomas que frequentei durante minha adolescência. A alegria com que ela realizava seu trabalho parecia-me um indício de que, além de útil do ponto de vista econômico, esse seria um trabalho do qual poderia extrair algum prazer.

Como na maior parte dessas organizações privadas de ensino de línguas, havia um método que deveria ser seguido à risca. E ele era complexo: exigia que recorrêssemos a gravações e slides; que repetíssemos cada frase um número predeterminado de vezes; que não falássemos uma única palavra em português... Enfim, a lista de mandamentos e proibições era longa e complexa. Tinha de tudo, menos espontaneidade e alegria. Rapidamente deixei de lado a ortodoxia do método e passei a me guiar por pro-

Por uma pedagogia da dignidade

cedimentos que então me pareciam mais sensatos. E as aulas passaram a ter uma dinâmica bem mais interessante. Em meu primeiro 15 de outubro como professor fui recebido pela minha turma com um bolo e uma homenagem que ainda hoje recordo em detalhes. Saí da escola naquela tarde acreditando ter me encontrado profissionalmente: era bom ser professor!

Mas os vigilantes do método – que curiosamente costumam permanecer afastados da sala de aula – não tardaram a vir me inspecionar. Numa terça-feira à noite um "supervisor" avisou-me que viera assistir à minha aula. Sentou-se ao fundo da sala e saiu antes de seu término. Nada me disse, mas deixou sobre a mesa um bilhete lacônico: *Sua aula é horrível!* Passei, então, a ser vigiado de perto. Sentia-me inseguro e, como precisava do emprego, resolvi me ajustar aos preceitos e fórmulas preconizados pelo método. As aulas mudaram radicalmente. Atinha-me a cada detalhe do prescrito, como num rito semirreligioso de um praticante sem fé. Convencido de minha conversão, o supervisor passou a procurar outros hereges. As aulas, contudo, permaneceram dentro dos limites a mim impostos pelo rigor do método. Havia me convencido de que assim o faria até o final do ano letivo, quando tencionava pedir demissão.

Mas o ofício de ser professor sempre guarda a possibilidade do imponderável. Uma das turmas, formada majoritariamente por adultos, havia se dado conta do que acontecera. No decorrer de uma aula uma senhora pediu a palavra e foi direto ao ponto: *Ele já não volta mais, afirmou. Pode ficar tranquilo, menino. A gente gosta da sua aula.* Senti-me, de novo, livre para pensar e preparar minhas aulas. Aulas que estavam longe da perfeição, mas que representavam uma resposta pessoal de um professor que tinha diante de si um grupo específico de alunos. Pouco a pouco minha alegria voltava. Escolhia canções, preparava atividades, mas muitas vezes também me via obrigado a improvisar, nem sempre com êxito.

Ao final do ano, de fato, pedi demissão daquela escola. Mas me dei conta de que jamais abandonaria a profissão que o acaso me levou a abraçar. Mais do que uma forma de ganhar a vida, a docência se transformou para mim em um modo de existência. Como professor podia expressar *quem* eu era por meio das minhas escolhas, de meus gestos, de minhas palavras. Em um mundo regulamentado e padronizado, a docência sempre me pareceu um pequeno oásis no qual a irredutível singularidade de cada pessoa poderia se manifestar. Nela ainda há espaço para o artesão que vê em seu trabalho uma forma de se constituir e se expressar como sujeito. E resguardar esse espaço é hoje – como já o era há 30 anos – o desafio daqueles que creem que, para além de uma profissão, ser professor é um modo de se colocar no mundo e se relacionar com as pessoas que o constroem e o renovam a cada dia.

OS MUROS DA ESCOLA

A importância de a escola permanecer como um tempo e um espaço de suspensão das demandas do mundo produtivo

Guardo na memória a vívida recordação de uma imagem que ilustrava a obra *Cuidado, escola!*. Nela um grupo de alunos, encerrados em uma sala de aula, ouvia a lição de um professor enquanto um eclipse solar ocorria do lado de fora. O curto texto que a acompanhava criticava duramente a cisão entre a escola e a vida que pulsava a seu redor. Eu era um jovem aluno do curso de Pedagogia, visceralmente engajado na luta contra a ditadura militar, e as ideias ali difundidas exerciam grande fascínio em minha imaginação. Tal como meus colegas e professores, acreditava que a artificialidade do ambiente escolar retirava do processo educacional qualquer possibilidade de emancipação. Era, pois, preciso derrubar os muros da escola, conectá-la à vida e ao mundo, repetíamos em uníssono.

A ideia de fundir a escola com a vida ganhou corpo e se difundiu para além das discussões acadêmicas. Passou a habitar as telas de cinema, as páginas dos jornais e as falas dos professores, tornando-se, assim, mais um dos clichês que embalam os discursos educacionais. Como todo clichê, ela nasceu de uma preocupação genuína e legítima: não faz sentido perpetuar conteúdos e práticas escolares que não ofereçam uma compreensão do mundo em que vivemos. A escola não poderia ter por modelo uma vida monástica cujo sentido radicaria em algum lugar que se situaria para além de nossa experiência mundana e vital. Como todo clichê, no entanto, essa ideia, expressa em palavras de ordem, acabou por simplificar o que, por sua natureza, é bastante complexo.

Se é verdade que a escola existe em conexão com um mundo ao qual ele deve conferir compreensão e inteligibilidade, não é menos verdadeiro que sua existência deve implicar certo grau de suspensão em relação à ordem exterior e às demandas imediatas do mundo. Como nos ensinam Masschelein e Simons, em sua obra *Em defesa da escola*, a própria ideia de um tempo e um espaço *escolar* implica a noção de uma *suspensão* em relação à ordem e às demandas cotidianas do mundo. Aliás, só inventamos a escola porque acreditamos que é preciso oferecer a todos um *tempo e um espaço de formação*, que se aparte das exigências da vida (ligadas à produção e ao consumo, a organização da vida social...); em que aquilo que pode não ter utilidade imediata (como a poesia, a filosofia, o jogo) tem um lugar privilegiado em função de seu potencial formativo.

Na escola não ensinamos geometria para que os alunos resolvam os problemas práticos da medição de terras, nem ensinamos literatura para que eles venham a se tornar escritores ou críticos literários. Para o escritor e para o editor um livro pode ser uma forma de ganhar a vida. Para um aluno leitor, ele pode ser uma forma de compreender o mundo. Não porque com ele se confunda, mas justamente porque dele se aparta e, assim, se apresenta como uma nova forma de olhar o mundo e de nele se situar. Enquanto leio um romance, aparto-me da vida que pulsa para além de meu escritório. Mas é esse distanciamento que me permite viver e pensar o mundo de outras formas. Ao me separar do mundo, a literatura a ele me reconecta, mas de outra forma. Será um novo mundo, lido por um novo alguém.

Por isso a escola deve, sim, ter muros. São seus muros que deixam – ou ao menos deveriam deixar! – do lado de fora a violência policial, a redução do valor do sujeito à sua condição econômica, a ideia de que só o que está na superfície do presente merece um lugar na existência humana. Que outra instituição pode valorizar um livro escrito há mais de dois mil anos, o tempo da meditação ou o espaço da discussão sem um fim utilitário? A escola precisa de muros que a protejam de uma ordem social na qual os imperativos econômicos subjugam os ideais políticos e os princípios éticos. Não uma barreira que a transforme em cidadela distante e alienada, mas em um muro poroso. Um muro que se comunique com o exterior, mas que preserve a possibilidade da existência de um tempo e de um espaço de formação numa ordem social em que tudo se reduz aos imperativos da produção.

A LIÇÃO DE SÓCRATES

Por uma ética da integridade

Em um dos mais notáveis diálogos de Platão – *Górgias* – Sócrates enuncia uma máxima que será, ao longo dos séculos, diretamente associada à sua figura histórica e ao próprio surgimento da reflexão ética: "É melhor sofrer o mal do que impingi-lo a alguém". À primeira vista, seu enunciado pode nos parecer paradoxal ou, na melhor das hipóteses, a enunciação de um altruísmo quase impraticável. Não obstante, se atentarmos para o contexto em que sua máxima é enunciada, ela se relaciona mais com o do cultivo da própria integridade – ou do cuidado de si – do que o de uma mera atitude de abnegação em favor do outro. Por que, para Sócrates, é preferível, por exemplo, ser roúbado a ser um ladrão?

A resposta, na verdade, parece-lhe simples e mesmo óbvia: se eu descobrir que fui roubado ou trapaceado por outro, a despeito dos eventuais prejuízos materiais, eu sempre posso me afastar de quem cometeu esse ato que me prejudicou. No entanto, se for eu mesmo o ladrão, estarei condenado a conviver para o resto de minha vida com um ladrão! Assim, para Sócrates, a ação eticamente reprovável prejudica a convivência daquele que a pratica consigo mesmo e não somente com os ou-

Por uma pedagogia da dignidade

tros. Ela não produz infelicidade somente para aquele que dela foi vítima, mas também – e sobretudo – para quem a perpetrou e que terá de conviver com a lembrança desse ato por toda a sua existência.

É verdade que aquele que comete o mal sempre pode esquecer o que fez ou enganar a si mesmo acerca da natureza de seu ato. Mas isso implica um mal ainda maior: perder-se de si mesmo. Recusar-se a pensar acerca de seus próprios atos implica destruir a capacidade humana de conversar consigo mesmo; a faculdade de narrar e julgar seus atos tendo em vista não somente a convivência com o outro, mas o convívio respeitoso para consigo mesmo. E é essa capacidade de refletir que nos constitui como pessoa; como humanos e não simplesmente como mais um exemplar da espécie Homo sapiens.

Por isso a ética socrática, mais do que uma ética do dever em relação ao outro, é uma ética da integridade consigo mesmo. Cuidar de si, desse diálogo silencioso do qual somos todos capazes, significa ser capaz de se constituir como um ser pensante e dotado de consciência moral. E não o fazemos simplesmente porque isso é um dever para com o outro, mas também porque é a nossa própria oportunidade de levar uma vida que valha a pena ser vivida. Uma vida para a qual possamos olhar retrospectivamente e afirmar que fomos dignos do mais precioso bem que a nós foi dado: nossa existência como um ser singular e íntegro em meio à pluralidade de homens, também eles potencialmente singulares e íntegros

A ética socrática é, assim, uma ética da felicidade. Não a felicidade entendida como um bem-estar psicológico momentâneo, mas como um modo de vida que se escolhe com base no reiterado exame dos nossos atos à luz de nossa consciência. Nisso reside o valor formativo dos atos e das palavras de Sócrates. Afinal, no julgamento que resultou em sua morte, ele afirmou que preferia morrer a cessar de examinar a própria vida. A integridade da pessoa lhe parecia um bem mais precioso do que a mera manutenção da vida biológica de um animal: o *Homo sapiens*.

EPÍLOGO

UMA BREVE NOTA ACERCA DO IMPACTO DA EXPERIÊNCIA DA PATERNIDADE NA FORMAÇÃO DE UM PROFESSOR

Havia escolhido, deliberadamente, manter as reflexões, crônicas e memórias que compõem esta obra nos estritos limites de minha formação escolar e de minha vida profissional e pública. Não obstante, ao longo de toda sua elaboração, deparava com o dilema acerca do lugar da experiência da paternidade como um dos elementos de minha formação como professor. A distinção entre os domínios do público e do privado, que sempre marcou minhas reflexões e posições, parecia aqui se encontrar enigmaticamente entrelaçada. Na qualidade de fenômeno da vida, o nascimento de minha filha Moana é um acontecimento que diz respeito ao domínio privado de minha existência. Ocorre, contudo, que, ao olhar retrospectivamente para o impacto que esse evento de minha vida privada teve na forma como penso, escrevo e pratico a atividade educativa, torna-se difícil circunscrevê-lo como algo exterior ou paralelo ao meu desenvolvimento profissional e à minha trajetória como intelectual da educação pública.

De forma mais aberta em aulas e conferências, de forma mais velada em textos e artigos, a experiência da paternidade fincou suas marcas em meu pensamento, minhas palavras, minhas ações. Por vezes, é como se essa dimensão vital, para a qual a presença e o envolvimento com uma criança inexoravelmente nos atraem, ocupasse um novo lugar em minhas atividades práticas e preocupações teóricas. É como se a alegria da vida se imiscuísse sorrateiramente em um espaço reflexivo que o professor menosprezava, mas que o pai atento valoriza. E quando o professor escreve, o pai lhe chama a atenção para a criança que se veste de aluno ou para o aluno que se despe em criança.

E assim Moana, criança e aluna, passa a habitar as reflexões de José (como ela tantas vezes me chama), a abalar algumas de minhas convicções, a reforçar outras e inspirar outras tantas que jamais teriam vindo à luz não tivesse ela me transformado em pai. E, assim, estas narrativas que se iniciaram evocando a importância em minha formação daqueles que me precederam no mundo encerram-se em um olhar impregnado de fé e esperança naqueles que nele me sucederão. Uma fé e uma esperança que não se apoiam em qualquer crença ingênua em um suposto progresso da humanidade. Brotam, antes, como frutos da experiência da natalidade. Emergem, assim, da constatação de que com cada novo *alguém* que vem ao mundo renovam-se as possibilidades de que nele ecloda o inesperado, o milagre do novo que confere sentido ao passado e força ao presente. Que Moana e todos seus companheiros de geração sejam bem-vindos ao mundo. E que dele façam sua morada!

REFERÊNCIAS

FILMES:

ENTRE OS MUROS DA ESCOLA. Direção: Laurent Cantet, Robin Campillo e François Bégaudeau. Elenco: François Bégaudeau, Agame Malembo-Emene, Angélica Sancio. França: Canal+, France 2 Cinéma, Haut et Court, Memento Films Production, Centre National de la Cinématographie. Distribuição: Sony Pictures Classics e Imovision. 2008. 128 minutos.

A LÍNGUA DAS MARIPOSAS. Direção: José Luis Cuerda. Roteiro: Rafael Azcona. Elenco: Alexis de Los Santos, Fernando Fernán Gómez, Gonzalo Martín Uriarte, Guillermo Toledo, Manuel Lozano, Uxía Blanco. Espanha: Sociedad General de Televisión (Sogetel). Distribuição: Warner Sogefilms S. A. 1999. 95 minutos.

MONSIEUR LAZHAR – O que traz boas novas. Direção: Philippe Falardeau. Elenco: Mohamed Fellag, Sophie Nélisse, Émilien Néron, Marie-Ève Beauregard, Vincent Millard e Seddik Benslimane. Canadá: micro_scope films. Distribuição no Brasil: Paris Filmes. 2011. 94 minutos.

NENHUM A MENOS. Direção: Yimou Zhang. Roteiro: Shi Xiangsheng. Elenco: Gao Enman, Sun Zhimei, Tian Zhenda, Wei Minzhi, Zhang Huike. China: Sony Picuters, AMZ. 1998. 106 minutos.

SOCIEDADE DOS POETAS MORTOS. Direção: Peter Weir. Elenco: Robin Williams, Robert Sean Leonard, Ethan Hawke. EUA: Touchstone

Pictures em associação com Silver Screen Partners IV. 1989. 128 minutos.

THE WALL. Direção: Alan Parker. Roteiro: Roger Waters. Elenco: Bob Geldof, Christine Hargreaves, Eleanor David, Alex McAvoy, Bob Hoskins, Michael Ensign. Reino Unido: Goldcrest Films International, Metro-Goldwyn-Mayer (MGM), Tin Blue. 1982. 95 minutos.

MÚSICAS:

ANTONIO VIVALDI. As quatro estações. *Opus 8*. Itália, 1723. Concerto para orquestra.

ARNALDO ANTUNES E PAULO TATIT. O seu olhar. *Ninguém*. São Paulo, BMG Brasil, 1995. 9ª faixa do CD.

ATAULFO ALVES. Meus tempos de criança. *Saudade da professorinha*. São Paulo, Revivendo Discos, 1999. 1ª faixa do CD.

CHICO BUARQUE DE HOLANDA. Noite dos mascarados. *Volume 2*. Rio de Janeiro, RGE, 1967, 1ª faixa do LP.

CHICO BUARQUE DE HOLANDA. Construção. *Construção*. Rio de Janeiro, Marola Edições Musicais, 1971, 4ª faixa do LP.

CHICO BUARQUE DE HOLANDA. Samba de Orly. *Construção*. Rio de Janeiro, Marola Edições Musicais, 1971, 7ª faixa do LP.

CHICO BUARQUE DE HOLANDA. Valsinha. *Construção*. Rio de Janeiro, Marola Edições Musicais, 1971, 8ª faixa do LP.

EGBERTO GISMONTI. Cego Aderaldo. *Circense*. Rio de Janeiro, EMI-Odeon, 1992, 4ª faixa do CD.

LIVROS:

AGAMBEN, Giorgio. *Infância e história*. Belo Horizonte: UFMG, 2005.

ALENCAR, José de. *O tronco do ipê*. São Paulo: Ática, 2006.

ARENDT, Hannah. *Homens em tempos sombrios*. São Paulo: Companhia das Letras, 1998.

_____. *Entre o passado e o futuro*. São Paulo: Perspectiva, 2005.

_____. *A condição humana*. Rio de Janeiro: Forense, 2010.

_____. *Eichmann em Jerusalém: um relato sobre a banalidade do mal*. São Paulo: Companhia das Letras, 2011.

ARIÈS, Phillipe. *História social da criança e da família*. Rio de Janeiro: LTC, 2011.

ARISTÓTELES. *Política*. 3 ed. Brasília: UnB, 1997.

AZANHA, José Mário Pires. *Educação: alguns escritos*. São Paulo: Nacional, 1987.

_____. *Educação: temas polêmicos*. São Paulo: Martins Fontes, 1995.

_____. *A formação do professor e outros escritos*. São Paulo: Senac, 2006.

AZEVEDO, Aluísio. *O cortiço*. São Paulo: Scipione, 2012.

BENJAMIN, Walter. *Obras escolhidas I: magia e técnica, arte e política*. 8 ed. rev. São Paulo: Brasiliense, 2012.

BLACK, Max. "Education as art and discipline". In: SCHEFFLER, Israel. *Philosophy and education*. Londres: Keagen Paul, 1966.

BOURDIEU, Pierre; PASSERON, Jean-Claude. *A reprodução: elementos para uma teoria do sistema de ensino*. Petrópolis: Vozes, 2010.

BRASIL. Presidência da República. Casa Civil. Lei de Diretrizes e Bases da Educação Nacional (LDB). Lei nº 10.639, de 9 de janeiro de 2003. Altera a Lei nº 9.394, de 20 de dezembro de 1996, que estabelece as diretrizes e bases da educação nacional, para incluir no currículo oficial da Rede de Ensino a obrigatoriedade da temática "História e cultura afro-brasileira", e dá outras providências. Disponível em: <http://www.planalto.gov.br/ccivil_03/leis/2003/l10.639.htm>. Acesso em: 15 jun. 2014.

_____. Presidência da República. Casa Civil. Decreto nº 7.037, de 21 de dezembro de 2009. Aprova o Programa Nacional de Direitos Humanos – PNDH-3 e dá outras providências. Disponível em: <http://www.planalto.gov.br/ccivil_03/_Ato2007-2010/2009/Decreto/D7037.htm>. Acesso em: 15 jun. 2014.

CAMUS, A. *O primeiro homem*. Rio de Janeiro: Nova Fronteira, 2005.

_____. *O estrangeiro*. São Paulo: Record, 2013.

CANDIDO, A. "O direito à literatura." In _____. *Vários escritos*. São Paulo/ Rio de Janeiro: Duas cidades/Ouro sobre Azul, 2004, p. 169-91.

CARVALHO, José Sérgio Fonseca de. "Os sentidos da (in)disciplina: regras e métodos como práticas sociais." In: AQUINO, Júlio Groppa (org.). *Indisciplina na escola: alternativas teóricas e práticas*. São Paulo: Summus, 1996, p. 129-38.

_____. *Reflexões sobre educação, formação e esfera pública*. Porto Alegre: Penso, 2013.

D'ALLONNES, Myriam Revault. *El poder de los comienzos: ensayo sobre la autoridad*. Buenos Aires: Amorrortu, 2008.

DEWEY, John. *Democracia e educação*. São Paulo: Nacional, 1971.

_____. *Experiência e educação*. Trad. Renata Gaspar. Petrópolis: Vozes, 2010.

DUBET, François; MARTUCCELLI, Danilo. *À l'école. Sociologie de l'expérience scolaire*. Paris: Éditions Seuil, 1996.

GARIN, Eugenio. *L'éducation de l'homme moderne*. Paris, Pluriel, 1988

LARROSA, Jorge. *Pedagogia profana*. Belo Horizonte: Autêntica, 2000.

_____. "Notas sobre a experiência e o saber de experiência." Revista Brasileira de Educação, n. 19, jan./mar, 2002. Disponível em: <http://www.scielo.br/pdf/rbedu/n19/n19a02.pdf> . Acesso em: 15 jun. 2014.

LISPECTOR, Clarice. *Laços de família*. Rio de Janeiro: Rocco, 1998.

LOCKE, John. *Some thoughts concerning education*. Disponível em <http:// www.fordham.edu/HALSAll/MOD/1692locke-education.asp>. Acesso em: 15 jun. 2014.

MASSCHELEIN, Jan; SIMONS, Maarten. *Em defesa da escola. Uma questão pública*. Belo Horizonte: Autêntica, 2013.

MEIRELES, Cecília. *Obra poética*. Rio de Janeiro: José Aguilar, 1967.

PASSMORE, John. *The philosophy of teaching*. Londres: Duckworth, 1984.

PENNAC, Daniel. *Diário de escola*. São Paulo: Rocco, 2008.

POSTMAN, Neil. *O desaparecimento da infância*. Rio de Janeiro: Graphia, 1999.

QUEIRÓS, Eça de. *A relíquia*. São Paulo: Ática, 1999.

RANCIÈRE, Jaques. *O mestre ignorante: cinco lições sobre a emancipação intelectual*. Belo Horizonte: Autêntica, 2002.

RENAUT, Alain. *A libertação das crianças – A era da criança cidadão*. Lisboa: Instituto Piaget, 2004.

ROUSSEAU, Jean-Jacques. *Emílio, ou da educação*. São Paulo: Martins Fontes, 2014.

RYLE, Gilbert. "Teaching and training". In: PETERS, Richard S. *The concept of education*. Londres: Routledge and Keagen Paul, s/d., p. 105-19.

SARLO, Beatriz. *La máquina cultural. Maestras, traductores y vanguardistas*. Buenos Aires: Editorial Planeta Argentina, 1998.

SCHEFFLER, Israel. *A linguagem da educação*. São Paulo: Edusp/Saraiva, 1968.

TOCQUEVILLE, A. Da democracia na América. São Paulo: Princípia, 2007.

UNAMUNO, Miguel de. *El día más recordado de su vida*. 1936. Disponível em: <http://negratinta.com/unamuno-y-venceras/>. Acesso em: 15 jun. 2014.

WEBER, Max. *Ciência e política – Duas vocações*. São Paulo: Cultrix, 2006.

ZEN, Giovana Cristina. *A formação continuada como um processo experiencial: a trans-formação dos educadores de Boa Vista do Tupim*. 2014. Tese (Doutorado em Educação). Faculdade de Educação, Universidade Federal da Bahia, Salvador. 2014.

www.gruposummus.com.br